세상을 바꾼 공

공놀이는 어떻게
인류를 진화시켰나

세계사 가로지르기 19
세상을 바꾼 공
© 김은식 2016

초판 1쇄	2016년 9월 20일
초판 3쇄	2024년 9월 13일
글쓴이	김은식
펴낸이	김한청
편집	원경은 차언조 양선화 양희우 유자영
마케팅	정원식 이진범
디자인	이성아
펴낸곳	도서출판 다른
출판등록	2004년 9월 2일 제2013-000194호
주소	서울시 마포구 동교로27길 3-10 희경빌딩 4층
전화	02-3143-6478
팩스	02-3143-6479
블로그	http://blog.naver.com/darun_pub
인스타그램	@darunpublishers
메일	khc15968@hanmail.net
ISBN	979-11-5633-118-6 44900
	978-89-92711-70-8(세트)

세상을 바꾼

공

공놀이는 어떻게
인류를 진화시켰나

김은식 지음

다른

차례

7 공놀이와
자본주의

봄부터 가을까지, 화요일부터 금요일까지, 저녁 6시 30분부터 11시까지는 무슨 일이 있어도 프로 야구 중계방송을 봐야 하는 사람들이 있다. 퇴근하면 단 몇 분이라도 빨리 텔레비전 앞으로 가기 위해 귀가를 서두르고, 지하철이나 버스 안에서도 스마트폰으로 보는 중계방송에서 눈과 귀를 떼지 못한다. 간혹 회식이나 저녁 약속이 잡혀 사람들을 만날 때면 틈틈이 스마트폰 문자 중계 창을 열어 경기 진행 상황을 확인한다. 토요일과 일요일에는 느긋하게 소파에 몸을 기댄 채 맥주 캔과 닭다리를 양손에 쥐고 텔레비전 중계를 즐기기도 하고, 큰맘 먹고 친구나 가족과 함께 야구장에 가서 오후의 서너 시간을 보내기도 한다. 비가 오지 않는 한 일주일에 단 하루, 월요일에만 야구 경기가 열리지 않는데, 그날은 지난주에 열린 경기들의 이모저모를 정리하고 분석하는 주간 분석 프로그램들을 챙겨 봐야 한다. 직장에서 보내는 시간을 제외한, '여가'라고 부를 수 있는 시간의 거의 전부를 야구와 보내는 셈이다.

그런 이들에게 하루의 기분을 결정하는 중요한 일 가운데 하나는 바로 자신이 응원하는 야구단의 경기 결과라고 해도 지나친 말이 아니다. 예상치 못한 신인 투수의 기가 막힌 호투공을 잘 던지는 일와 프랜차이즈 스타플레이어 4번 타자뛰어난 리더십과 기량을 가진 선수의 멋진 결승 홈런으로 짜릿한 승리를 거둔 날이면 행복한 기분이 잠자리에 들 때까지 이어지고, 다음 날 짜증스러운 출근길을 거쳐 피곤한 일상을 보내면서도 피식피식 웃을 수 있는 힘이 난다. 반대로 다 이긴 경기를 야수^{수비하는 선수}들의 막판 연속 실책과 불펜 투수^{경기 시작부터 공을 던지는 선발 투수 다음에 나가는 선수들의} 볼넷^{타자가 타석에서 4개} ^{의 볼을 골라 1루로 나가는 것} 남발로 어이없게 진 날은 잠을 이루기 어려울 뿐 아니 라 이튿날 아침 밝게 인사를 하는 동료 직원을 보며 '저 녀석은 어제 우 리 팀의 승리를 얄밉게 가로채 간 팀의 팬일지도 모른다.'고 생각할 만큼 심사가 뒤틀린다.

우리나라는 10개의 프로 야구단이 해마다 각각 144경기를 치른다. 그러니까 포스트 시즌^{정규 리그가 끝난 다음 최종 우승 팀을 가리기 위해 벌이는 경기들}을 제외한 정 규 리그만 따져도 하루에 다섯 경기씩 한 해에 모두 720번의 경기가 열 린다. 그 720번의 경기를 보기 위해 야구장을 찾는 관람객이 800만 명 정도 되니 매 경기 평균 관중은 1만 명이 조금 넘는 셈이고, 평균적으로 하루에 야구장을 찾는 사람의 수는 대략 5만 명을 넘는 셈이다. 직장이 나 학교 때문에, 그리고 야구장과 거리가 먼 지역에서 생활하기 때문에 어쩔 수 없이 중계방송으로만 야구를 즐기는 사람들은 그 수백 배에 이 른다. 2012년 조사에 따르면 매일 텔레비전이나 컴퓨터, 모바일 등을 통해 야구 중계를 시청하는 사람이 평균 286만 명이라고 하는데, 텔레비전은 여럿이 함께 시청하는 경우가 많기 때문에 최소한 400~500만 명 이상이 매일 야구 중계방송을 지켜본다고 짐작할 수 있다. 맨 처음에 이야기한, 여가 시간의 대부분을 야구에 투자하는 사람이 요즘 우리나라에 결코 드물지 않다는 얘기다.

야구와 더불어 우리나라의 '4대 스포츠'라고 불리는 축구, 농구, 배구에 다른 종목까지 합하면 스포츠에 빠져 사는 사람의 수가 얼마나 늘어날지 알 수 없다. 그리고 보는 것을 넘어 직접 야구, 축구, 농구, 배구, 탁구, 배드민턴, 볼링, 족구, 골프 등을 하는 '사회체육인'은 또 얼마나 많은지 헤아리기도 어렵다. 오늘날 한국인의 최소한 절반 이상은 경기를 보든, 직접 하든 스포츠와 함께 울고 웃으며 살아가고 있다.

유독 한국인만 스포츠를 좋아하는 것도 아니다. 전 세계 대중문화 시장을 독점하며 세계인의 표준적 생활양식을 만들다시피 하고 있는 미국인의 삶을 봐도 크게 다르지 않다. 한국인보다 훨씬 많은 미국인이 미식축구와 농구와 야구, 그리고 아이스하키와 테니스와 골프와 볼링을 즐기고 지켜보고 열광하며 살아간다. 미국 영화에서 '자상한 아빠'를 표현하는 방식은 별 게 없다. 집 마당에서 아이들이 미식축구공을 찰 수 있게 잡아 주는 모습, 주말에 아이가 출전하는 동네 야구 경기 관중석에 앉아 열광적으로 응원하다가 삼진_{타자가 세 번의 스트라이크로 아웃되는 일}을 당하고 풀이 죽어 돌아오는 아이에게 뭔가 감동적인 격려의 말을 건네는 모습이면 충분하다. 반대로 '형편없는 아빠'는 "이번 주말에는 반드시 네가 홈런 치는 모습을 보러 가마." 하고 철석같이 약속하지만 급한 회사 일에 몰두하느라 엉뚱한 곳에서 허우적대는 모습으로 그려진다. 결국 연습 때마다 홈런을 날리던 아이는 관중석에서 아빠를 찾다 집중력을 잃어 삼진을 당하고, 야구장에 혼자 남아 눈물을 흘린다. 뒤늦게 도착한 아빠에게는 더 이상 할 말이 남아 있지 않다.

스포츠를 즐기는 건 세계 어느 곳이든 별로 다르지 않다. 유럽과 남미에는 축구를 즐기는 사람이 많고, 인도와 서남아시아에는 크리켓이나 하키를 즐기는 이들이 많다. 태국을 비롯한 동남아시아에는 배드민턴과 격투기의 전통이 강하고, 캐나다와 핀란드처럼 추운 나라에서는 아이스하키나 스키 같은 겨울 스포츠를 즐긴다. 이처럼 오늘날 사람들은 스포츠와 함께 살아간다. 스포츠는 사람들을 울고 웃게 만들고 힘을 주며, 삶에 대해 생각하고 중요한 결심을 하게 돕기도 한다. 그래서 스포츠를 이해하는 것은 사람을 이해하는 것이고, 시대와 사회를 조금 더 깊이 알아 가는 것이다.

　여러 종목의 스포츠 중에서도 공을 가지고 하는 것들을 통틀어 '구기 종목'이라고 부른다. 야구, 축구, 농구, 배구를 비롯해 우리나라에서 많은 사랑을 받는 종목들이 대개 구기 종목에 들어간다. 그런데 구기 종목은 다른 종목들에 비해 역사가 짧다. 야구와 농구, 그리고 배구는 19세기 말에야 시작되었고, 거슬러 올라가면 3000년쯤 전의 역사에서 기원을 찾을 수 있다는 축구 역시 오늘날의 형태로 정리되고 널리 사랑받기 시작한 것은 19세기 초중반의 일이다.

　구기 종목의 경기는 공을 주고받는 행위를 중심으로 이루어지기 때문에 대부분 단체전의 성격을 띤다. 제멋대로 튀어 뜻대로 다루기 어려운 공을 주고받으며 정해진 규칙대로 점수를 따내야 하는 이 경쟁은 체력뿐만 아니라 정교한 기술과 협동심까지 겨뤄야 한다. 그런 구기 종목이 흔히 근대 사회라고 부르는 19세기 이후 여러 나라에서 큰 의미를 가지게 되었다는 점은 의미심장하다.

　이 책에서는 스포츠의 역사 중에서도 구기 종목의 역사를 더듬어 보려 한다. 스포츠는 인간의 본능과 강하게 이어져 있는데, 그중 구기 종목은 민주주의, 민족주의, 자본주의, 계몽주의 등으로 설명할 수 있는 근대 사회 인간의 특징을 잘 드러낸다. 구기 종목을 중심으로 스포츠의 역사를 더듬어 보는 과정은 인간과 사회의 발전 과정을 근대성 중심으로 살펴보고 이해하는 과정이기도 하다.

인간이 손에 쥐는 것만으로도 흥분하게 되는 대표적인 사물이 있다면, 아마 공이 아닐까?_{하나를 더 꼽자면, 겨울?} 공은 우리를 행복하게 하고, 자극하고, 움직이게 한다. 어쩌면 개와 고양이가 인간과 가장 친밀한 동물이 된 것도 공을 가지고 함께 놀 수 있는 존재이기 때문인지도 모른다.

이 책이 여러분의 마음속으로 공처럼 굴러 가면 좋겠다. 데굴데굴 굴러 가는 공을 따라 즐겁게 달려가는 아이들처럼 이 책에 담긴 이야기를 따라가면서 즐겨 주면 좋겠다. 그래서 그저 따라서 달리고 주고받다 보면 즐거워지는 공처럼, 이 책도 한층 깊은 곳의 생각거리들을 캐 올리는 재미를 주는 물건이 되면 좋겠다.

공놀이의
탄생

의식주처럼 생존에 필수적인 것을 제외하고 무인도에 갈 때 꼭 가져갈 물건 하나를 꼽으라고 하면 아마 대부분의 사람이 스마트폰을 떠올릴 것이다. 스마트폰만 있으면 멀리 있는 사람과 통화도 하고 메시지를 주고받으며 소통할 수 있을 뿐만 아니라 영상을 보고, 음악을 듣고, 웹툰을 보고, 게임을 하는 등 거의 모든 '놀이'가 가능하기 때문이다. 어쩌면 무인도 생존 기술이나 낭만 즐기는 팁을 검색하는 데 쓸지도 모르겠다. 물론 무인도에서 인터넷 연결은 가능할지, 충전은 어떻게 할지 알아보긴 해야겠지만 말이다.

스마트폰은커녕 전화기나 텔레비전, 라디오 같은 전자 제품이 전혀 없던 시대에 같은 질문을 받은 사람들은 어떤 물건을 골랐을까? 타임머신을 타고 과거로 가서 설문조사를 해 본다면 '공'이라는 답이 1위에 오를 것이 분명하다. 현생 인류가 나타난 뒤 휴대전화가 등장하기까지 대략 4만 년이 넘는 기간을 통틀어 인류가 만들고 즐긴 최고의 장난감이 바로 공이니 말이다.

'공'이라고 하면 사람마다 머릿속에 떠올리는 모습이 다 다를 것이다. 어떤 사람은 축구공을, 어떤 사람은 야구공을 떠올릴 테지만 농구공이나 배구공을 먼저 떠올리는 사람도 있을 것이다. 아니면 물놀이를 갈 때 꼭 챙기게 되는 비치볼이나 '탱탱볼' 같은 것들을 떠올릴 수도 있다. 또 '가볍고 탄력 있는 구형'이라는 전형적인 공의 모양은 아니지만 일반적으로 공의 범주에 들어가는 럭비공이나 미식축구공, 볼링공, 배드민턴 셔틀콕, 아이스하키의 퍽puck 같은 것을 떠올리는 사람도 없지는 않을 것이다.

생각해 보면 공의 종류는 정말 무궁무진하다. 그리고 공놀이의 종류는 공의 종류보다도 많다. 그래서 공놀이를 한 번도 해 보지 않았거나 좋아하는 공놀이가 하나도 없는 사람은 거의 없다. 누구나 공이 주어지면 마치 본능처럼 바닥이나 벽에 던져서 튕기거나 손이나 발로 때리게 된다. 친구가 있다면 주고받는 놀이를 하기도 한다.

그런데 두 사람이 그냥 공을 주고받기만 하는 놀이는 오래 지속하기 어렵다. 단조롭고 별 재미가 없어서 곧 싫증이 나기 때문이다. 여러 명이 모이는 경우에도 그냥 주고받는 방식으로는 함께 놀기가 곤란하다. 그래서 편을 가르고, 이기는 편과 지는 편을 구분하는 규칙을 만들며, 승부의 균형을 적절히 맞출 제한 조건도 만든다. 그리고 적당한 난이도를 유지시켜 줄 장치들도 마련한다. 너무 쉬우면 재미가 없으니까 말이다. 예컨대 공을 네트 너머로 보내는 동시에 정해진 영역 밖으로 벗어나서는 안 된다거나, 정해진 목표물을 맞히거나 그 안에 넣어야 한다는 식이다. 공에 손을 대서는 안 된다거나, 정해진 도구로만 다루어야 한다거나, 최소한 세 걸음을 옮기기 전에 한 번씩은 공을 땅에 튕겨 주어야 한다는 식의 장치들도 있다. 바로 그런 규칙들에 따라서 공놀이는 수백, 수천 가지의 종목들로 나뉘었고, 각각의 특성에 맞는 크기와 모양의 공들이 만들어졌다.

최초의 공놀이

그렇다면 그중에서 제일 처음 시작된 공놀이는 무엇일까? 사람들은 언제부터 공놀이를 즐겨 온 것일까? 사실 공놀이의 역사란 그대로 인간의 역사라고 봐도 좋다. 처음에 사람들은 호수나 들판에 돌을 던지면서 놀았을 것이고, 주고받기 위해 돌보다 덜 위험한 솔방울이나 나무토막 같은 것을 가지고 놀기 시작한 순간도 있었을 것이다. 그러다가 짐승의 가죽이나 헝겊이나 실처럼 좀 더 가볍고 부드러운 소재들을 동그랗게 뭉쳐 놀이에 이용하면서 본격적인 공이 탄생했을 것이다. 물론 그 모든 과정은 글자가 만들어지기 훨씬 이전에 벌어진 일들이기 때문에 정확한 기록으로 확인해 볼 방법은 없다.

객관적인 근거가 뒷받침되는 '인류 최초의 공'은 인간이 지은 최초의 문학 작품이라고 불리는 《길가메시 서사시Gilgamesh Epot》에서 찾아볼 수 있다. 《길가메시 서사시》는 수메르인의 전설적인 영웅이자 왕인 길가메시가 겪은 모험에 관한 문학적 기록이다. 길가메시가 숲의 파수꾼 훔바바Humbaba, 하늘의 황소와 같은 괴물들을 찾아다니며 징벌한 뒤 영생의 비밀을 찾기 위해 여행을 다니다가 결국 실패하고 돌아온다는 내용이다. '동양의 호메로스Homeros 이야기'라고 불리기도 하지만, 사실 호메로스가 지은 대서사시 《일리아스Ilias》, 《오디세이Odyssey》보다 1500년이나 앞서서 기록된 작품이다. 오히려 호메로스 이야기가 '서양의 길가메시 서사시'라고 불리는 것이 맞을지도 모르겠다.

수메르인은 오늘날 이라크가 자리 잡고 있는 티그리스 강변의 메소포타미아 평원 지역에서 처음으로 도시 문명을 이룬 민족으로 알려져 있다. 길가메시는 그러한 수메르인의 왕인데, 한 사람의 이름인지 '왕'을 가리키는 말인지는 분명하지 않다. 단군 신화에서 '단군이 1500년간 고조

《길가메시 서사시》를 설형 문자로 새겨 놓은 점토판.

선을 다스렸다'는 내용을 '단군이라는 한 사람이 아니라 수백 명의 역대 단군이 다스렸다'고 해석하기도 하는 것과 비슷하다. 어쨌든 길가메시라는 사람, 혹은 사람들은 기록으로 확인되는 인류 역사상 최초의 영웅이며 권력자라고 할 수 있다.

《길가메시 서사시》는 인류 최초의 문자 중 하나인 설형 문자로 점토판에 새겨져 있다. 그런데 그 작품 속에 이런 흥미로운 대목이 나온다.

"도시의 젊은이들이 모여들어 과부의 자식들의 허리에 올라타고서 저녁이 지날 때까지 공치기 놀이를 했다. 그런 후 나무공과 타봉打棒. 공을 때리는 막대기을 놀이터에 놓고 집으로 돌아갔다. 새벽이 되자 과부들과 젊은 여자들의 원성으로 나무공과 타봉은 저승으로 떨어져 버렸다. 다시 놀려고 놀이터에 온 길가메시는 그것들을 건지려고 애썼으나 잡히지 않았다. 슬픔에 가득 찬 길가메시에게 그의 시종 엔키두는 자기가 저승에 내려가 그것들을 가져오겠다고 나섰다. 길가메시는 엔키두에게 저승에 들어갈 때 조심해야 할 사항을 알려 주었지만 그는 듣지 않고 내려갔다."

이에 따르면 길가메시는 사람의 몸에 올라타 일종의 '폴로polo. 말을 타고 막대기로 공을 쳐서 상대 골에 넣는 경기' 같은 스포츠를 즐긴 것으로 보인다. 왜 말이나 다른 짐승 대신 사람의 허리 위에 올라탔는지는 알 수 없다. 엎드린 사람 위에 앉은 채로는 민첩하게 움직이기 힘들다는 점을 생각하면, 그리 박진감 넘치는 경기는 못 됐을 것으로 짐작된다. 그래서 그것이 당시 사람들 사이에서 널리 행해지던 일반적인 놀이였는지, 아니면 제왕을 비롯한 지배층이 힘없는 젊은이들을 괴롭힐 목적으로 하던 짓궂은 악취미였는지는 정확히 알 수 없다. 어쨌든 공을 가지고 놀던 사람이 등장하는 그 대목이 기록된 것은 기원전 2600년, 그러니까 지금으로부터 대략 4600년 전의 일이다.

고대 이집트의 유적에서는 조금 더 일반적인 '놀이'라고 할 만한 것의 흔적을 찾을 수 있다. 이집트의 수도 카이로에서 남쪽으로 250킬로미터쯤 떨어진 베니 하산Beni Hasan이라는 지역에는 기원전 2050년 무렵 만들어진 고분이 여럿 남아 있다. 그중 한 곳에서 발견된 벽화에서 여러 운동과 놀이를 즐기는 사람들의 모습을 찾아볼 수 있는데, 여러 명의 여자가 동시에 여러 개의 공을 공중으로 던졌다가 다시 받는 장면을 묘사한 것도 있다. 요즘 서커스 공연 중에 종종 볼 수 있는 저글링juggling과 비슷한 동작이다.

공을 공중에 던졌다가 스스로 받는 것도 인간이 공을 가지고 노는 가장 흔하고 기본적인 형태라고 할 수 있다. 그런데 그 자체는 너무 쉽고 단순해서 재미가 덜하기 때문에 두 개나 세 개의 공을 동시에 던지며 받기도 하고, 두 개의 공을 한 손으로 다루기도 한다. 그리고 다른 사람과 그 능력을 겨루기도 한다. 여러 공의 움직임을 동시에 읽고 손을 정확하게 움직여 공을 처리하는 능력을 겨루는 것이다. 그런 능력이 보통 사

이집트 베니 하산에 있는 고분 벽화 중 공놀이하는 사람들의 모습이 그려져 있는 부분.

람보다 훨씬 뛰어나서 동시에 대여섯 개의 공을 던지고 받을 수 있는 사람은 서커스 같은 무대에서 공연을 하기도 한다. 오늘날의 서커스에서는 공뿐만 아니라 불붙인 기름 막대나 시퍼렇게 날이 선 부엌칼, 심지어 시동을 건 전기톱 따위를 가지고 저글링을 하는 아슬아슬한 묘기도 볼 수가 있다. 어쨌거나 굳이 여러 사람을 모으지 않아도 가능하다는 점에서, 그리고 공이 아닌 물체말하자면 불 막대나 부엌칼이나 전기톱처럼 불규칙한 모양과 움직임을 가진 물체 로도 가능한 놀이라는 점에서 저글링이 인류 최초의 공놀이였을 가능성은 충분하다.

　이집트 외에도 세계 곳곳에서 사람들은 아주 오래전부터 각자 원하는 방식으로 공을 만들고 그것으로 공놀이를 했을 것이다. 그중에서도 공을 가장 훌륭하게 만들어서 사용한 민족은 오늘날의 멕시코 지역에 살았던 마야인인 것으로 추정한다. 그 지역에는 옛날부터 고무나무가 많이 자랐는데, 마야인은 그 진액을 모으고 뭉쳐서 훌륭한 공을 만들었다.

고무는 단단하지 않아서 도구를 사용하지 않고도 자유자재로 모양을 만들 수 있다. 따라서 마야인은 별다른 연구나 노력 없이도 일찍부터 비교적 완벽한 구球에 가까운 공을 얻을 수 있었다. 이렇게 만들어진 공은 울퉁불퉁하지 않았기에 제멋대로 튀지 않고 일정한 형태로 움직였다. 묵직하면서도 탄력이 좋아 '통통' 튀었다는 점에서도 동시대 최고의 공이었다.

마야인이 그런 공을 만들고 이용한 것은 최소한 기원전 1500년 이전부터인 것으로 보인다. 그 무렵 그 지역에서 탄생한 올메카Olmeca 문명의 유적지에 독특한 모양의 공놀이 경기장과 그곳에서 경기하는 모습을 그린 벽화들이 많이 남아 있기 때문이다. 그 공놀이의 이름은 '울라마Ulama'로, 4킬로그램이나 나가는 무거운 공을 오직 엉덩이와 허리 사이의 근육으로 쳐서 벽에 있는 고리 모양의 골로 집어넣거나 상대편의 선으로 보내 점수를 얻는 놀이다.

손도 발도 머리도 아닌 '엉덩이와 허리 사이의 근육'으로 공을 다룬다니, 얼핏 기이하게 생각될 것이다. 그 부위는 보통 사람이 자유자재로 움직이고 통제할 수 있는 곳이 아니기 때문이다. 게다가 그 부위로 공을 다루는 모습은 별로 멋있을 것 같지도 않다. 하지만 조금 더 생각해 보면 이해할 수 있다. 당장 상대편에서 날아오는 4킬로그램짜리 천연고무 덩어리를 안전하게 받아 낼 수 있는 신체 부위가 그곳 말고 있을지 한번 더듬어 보는 것이다. 4킬로그램이면 잘 익은 멜론 한 개와 맞먹는 무게고, 제법 커다란 2킬로그램짜리 아령 두 개에 해당한다. 잘못해서 발 위에 떨어뜨리면 발가락뼈가 으스러질 수 있는 어마어마한 무게인 것이다.

이 공놀이의 심상치 않은 본질은 공을 이토록 묵직하게 만들었다는 사실에서부터 추론할 수 있다. 아무리 탄력이 있다고는 해도 4킬로그램짜리 천연고무 덩어리가 몇 미터씩 하늘로 치솟았다가 갈비뼈나 무릎으로 떨어진다면 그 부위는 골절될 수밖에 없을 것이다. 그리고 외과 수술이 불가능한 시대에 그것은 장애나 죽음이라는 심각한 사태를 가져올 것이다. 부러진 갈비뼈가 폐를 찔러 사망하는 경우는 오늘날에도 교통사고 현장 등에서 종종 나타나는 일이다.

그렇다면 그 공놀이를 위해 고대 마야인이 얼마나 혹독한 훈련을 거쳤을지도 상상해 볼 수 있다. 아마 입문할 때는 1킬로그램이나 2킬로그램쯤 되는 가벼운 공을 가지고 연습했을 것이고, '승급' 과정을 밟으며 공의 무게를 늘려 나가다 불의의 사고를 당한 '선수 후보생'은 장애인이 되거나 시체가 되어 울라마 연습장을 떠났을 것이다. 결국 수많은 사람으로 가득 찬 경기장에서 울라마 경기에 나서는 이들은 특별히 선발되어 오랜 세월 훈련을 거치며 숱한 어려움과 위험을 극복한 전문적인 선수들이었을 것이다. 그렇게 공동체 전체의 지원과 응원을 받으며 육성된 선수들이 치르는 울라마 경기란 마야인이 들판과 골목 곳곳에서 시끌벅적 즐기던 흔한 놀이가 아니라, 뭔가 거대한 기획과 준비 끝에 이루어지는 중요한 행사였으리라는 것도 유추할 수 있다.

사실 울라마는 놀이라고 하기엔 너무나 끔찍한 사연이 담겨 있는 비극적인 행사다. 태양신을 섬기는 종교 의식을 할 때 울라마 경기에서 이긴 편의 선수를 골라 제물로 쓰기도 했기 때문이다. 진 편이 아니라 이

멕시코 마야 문명 유적지에 남아 있는 울라마 경기장. 울라마는 '후에고 데 펠로타(juego de pelota, '공놀이'라는 뜻의 스페인어)'라고도 불린다.

울라마 경기장의 골.

긴 편에서 제물을 고른다는 것이 이상하게 생각될 수도 있다. 하지만 그 시대의 마야인은 태양신을 위해 몸 바치는 것을 대단한 영광으로 생각했고, 그렇게 제물로 바쳐진 사람은 곧 태양신의 곁에서 다시 태어나 큰 영광을 누릴 수 있다고 생각했다. 둥근 공을 허리로 튕기며 공중으로 띄우기를 반복하는 울라마 경기 자체가, 태양이 매일 반복해서 뜨고 지는 모습을 재현하는 의식이기도 했다.

하지만 울라마는 마야인이 전쟁 포로들과 경기를 벌여 이긴 다음 패배자들을 수많은 관중 앞에서 하나씩 처형하며 구경거리를 만드는 데 이용되기도 했다. 그 시대 사람들도 죽음을 마냥 반기기만 한 것은 아니라는 얘기다. 길고 고되고 위험한 수련 과정 끝에 목숨을 걸고 울라마 경기장에 선 선수들의 마음은 과연 어떠했을지 새삼 궁금해진다.

그렇다면 한반도와 동아시아 지역에서 살아온 우리의 조상은 어떤 공으로 어떤 놀이를 했을까? 고려 시대의 승려 일연이 삼국 시대의 사료들을 수집해서 엮은 《삼국유사》를 보면 삼국 통일의 두 영웅인 신라의 김유신 장군과 김춘추^{신라 제29대 태종무열왕}가 젊은 시절에 '축국^{蹴鞠, '공차기'라는 뜻}' 놀이를 했다는 기록이 나온다. 김춘추와 함께 축국을 하던 김유신이 일부러 김춘추의 옷고름을 밟아 옷을 찢은 뒤 자신의 집으로 데려가 여동생 문희에게 바느질을 시켜 두 사람을 만나게 했다는 이야기다. 그 덕분에 김유신은 훗날 왕의 처남으로서 막강한 권력 기반을 다졌고, 그 힘을 이용해 신라의 군권을 손에 쥐고 삼국 통일의 대업을 이룰 수 있었다.

그 시대 신라에는 아무리 뛰어난 능력을 가지고 있어도 주어진 신분 이상의 관직을 가질 수 없도록 하는 '골품제'라는 엄격한 신분 제도가 있었다. 김유신은 신라에 투항한 가야의 왕족 가문 출신으로서 최상위 공직에 오를 수 없는 6두품이었지만, 장차 왕이 될 친구와 인척이 됨으로써 삼국 통일의 야망을 실현할 토대를 마련했다. 그리고 그 과정에 축국이라는 공놀이가 결정적인 역할을 했다.

그때 김유신과 김춘추가 했다는 축국은 중국에서 시작된 공놀이로, 오늘날의 축구와 비슷했을 것으로 추정한다. 가죽 주머니에 쌀겨나 짐승의 털 뭉치 따위를 채운 뒤 입구를 꿰매어 만든 공을 발로 차던 놀이라고 전해지는데, 김유신과 김춘추 이전에도 신라의 많은 젊은이가 즐겼던 놀이다. 예컨대 32명의 역대 풍월주^{화랑의 우두머리}를 중심으로 신라 화랑들의 생활에 대해 기록한 김대문의 《화랑세기》에도 법흥왕 시절부터 화랑들이 축국을 즐겼다는 기록이 남아 있다.

물론 그 놀이를 처음 시작한 중국에도 많은 기록이 있다. 그중 가장 오래된 기록은 한나라 때인 기원전 206년의 것이다. 하지만 축국은 기록마다 조금씩 다르게 묘사돼 있어서 정확히 어떤 놀이였는지에 대해서는 여러 해석과 추측이 제기되고 있다. '축국'이라는 이름 자체가 '공차기'라는 뜻이다 보니, 어떤 기록에서는 특정한 종목의 이름으로 다뤄지지만 또 어떤 기록에서는 '공을 차는 놀이'를 통틀어 가리키는 일반 명사로 사용되기도 한다.

비교적 후대인 송나라 시대에 왕운정이 쓴 《축국도보》에 그나마 체계적인 설명이 나오는데, 경기장에서 하는 축국이 있는가 하면 거리나 공터 아무 데서나 즐길 수 있는 축국이 있다고 되어 있다. 가장 간단한 것은 두 명이나 세 명, 혹은 네 명이 서로 마주 서거나 둘러선 채 공을 차서 서로에게 넘기는 방식으로, 공을 제대로 받아 내지 못해서 바닥에 떨어뜨리면 지는 경기다. 이 방식은 우리나라로 들어오면서 공 위에 꿩의 깃털을 꽂아서 차고 노는 방식으로 바뀌기도 했는데, 공을 일정한 방식으로 차게끔 만들려는 것일 수도 있고, 공에 중심을 잡아 차기 쉽게 만들려는 것일 수도 있다. 오늘날 민속놀이로 남아 있는 제기차기가 바로 이 방식의 축국으로부터 이어진 것이 아닌가 추정된다.

경기장에서 하는 축국에는 바닥에 구덩이를 여러 개 파고 공을 발로 차서 그 안에 집어넣는 방식과, 경기장 양쪽에 대나무 장대를 두 개씩 세운 뒤 그 사이에 그물을 치고 서로 공을 차서 그 안으로 집어넣는

송나라 시대의 화가 소한신이 그린 그림으로, 축국하는 아이들의 모습이 담겨 있다.

방식이 있었다고 한다. 특히 두 번째 방식은 오늘날 널리 행해지는 축구의 모습과 거의 같았을 것이다.

국제축구연맹FIFA, Fédération Internationale de Football Association은 지난 2004년 "축구의 발상지는 중국"이라고 공식적으로 인정했다. 공식 홈페이지에 '축구의 발상지'라는 제목의 글을 실어 "기원전 206년 세워진 중국 한 왕조 때 오늘날의 축구와 비슷한 형태의 공놀이를 즐겼다."고 소개한 데 이어 피터 벨라판Dato' Peter Velappan 아시아축구연맹AFC, Asian Football Confederation 사무총장이 국제축구연맹을 대신해 '축구의 발상지는 2300년 전 중국 전국 시대 제나라 도움이 있던 산둥 성 쯔보 시 린쯔 구'라는 내용의 기념패와 증서를 수여했다. 그리고 국제축구연맹의 조제프 블라터^{Joseph Sepp Blatter} 회장이 그해 중국에서 열린 아시안컵 개막식에서 "중국이 축구의 발상지다."라고 연설해 경기장을 가득 채운 관중의 환호를 받기도 했다. 그러나 곧 '엄청난 잠재력을 가진 시장을 향한 구애'라는 비아냥과 논란이 이어졌다.

여전히 영국을 축구의 종주국으로 인정하는 사람이 더 많다. 하지만 세계 곳곳에서 발견된 여러 형태의 고대 공차기 놀이 중에서도 중국에서 발견된 것이 오늘날의 축구 형태에 가장 가까운 것만은 사실이다.

돼지 오줌보 축구

쌀겨나 짐승의 털을 모아서 뭉친 다음 가죽으로 감싼 가죽 공을 사용한 것은 우리나라와 중국만이 아니다. 유럽에서도 근대 이전의 수천 년 동안 가장 널리 사용된 공은 가죽 공이다. 물론 가죽이라는 재료 자체가 값비싸기 때문에 가죽 공 역시 왕실이나 귀족 집안에서나 쓰던 귀한 물건이었다. 가죽 대신 천을 사용할 수도 있었지만, 함부로 차고 굴려도 해지지 않을 만큼 내구성이 좋은 천을 만들기 어려웠을 뿐 아니라 기계가 등장하기 전의 천은 일일이 손으로 실을 뽑고 짜야 했기 때문에 가죽 못지않게 귀하기도 했다. 그래서 가죽이나 천을 함부로 쓸 수 없던 서민들이나 동네 꼬마들은 적당한 크기의 돌멩이를 지푸라기로 감싼 다음 새

12~13세기 러시아에서 사용된 가죽 공.

끼줄로 감아서 만든 공을 가지고 놀았다. 물론 신나게 차고 던지던 와중에 돌이 튀어나와 누군가의 머리통을 깨뜨리는 일이 생기지 않게 하려면 최대한 단단하고 꼼꼼하게 묶어야 했지만 말이다.

하지만 아무리 잘 만들어도 가죽 공과 지푸라기 공은 탄력이 없고 모양도 완전히 둥글지 못했다. 그러다 보니 잘 굴러가지도 않고 통통 튀어 오르는 맛도 없었다. 아마도 공보다는 주머니나 자루에 가까운 모습이었을 것이다. 15세기에 대서양 뱃길을 개척하려다 우연히 아메리카 대륙을 만난 콜럼버스 일행과 그 뒤를 따른 많은 탐험가가 통통 튀는 고무공을 가지고 노는 멕시코 원주민을 보고 엄청난 충격을 받은 것도 당연하다. 그들은 마야인의 고무공에 악마의 영혼이 들어 있다고 생각해 두려워했고, 무력을 동원해 그 '저주받은 공놀이'를 금지시키기도 했다.

돼지 오줌보에 바람을 불어 넣어 만든 공. ⓒ 전은수

아메리카와 달리 야생 고무나무가 자라지 않던 유럽과 아시아의 사람들이 고무공을 흔하게 가지고 논 것은 그로부터 훨씬 뒤인 19세기쯤의 일이다.

고무나 플라스틱으로 공을 만들기까지, 가죽 공이나 지푸라기 공보다 조금 더 잘 튀겨서 사랑받았던 공은 바로 돼지 오줌보膀胱다. 오줌을 담아야 하기에 늘어났다가 줄어들었다가를 반복하는 오줌보는 얇고 질기면서도 탄력이 있다. 특히 돼지의 오줌보는 부풀렸을 때의 크기가 핸드볼공과 배구공의 중간쯤 되기 때문에 동네 아이들이 차고 놀기에 안성맞춤이었다. 돼지 오줌보에 바람을 불어 넣은 다음 양쪽 끝을 묶어서 만든 공은 마치 풍선이나 비치볼처럼 통통 튀었고, 그 안에 지푸라기나 짐승의 털 따위를 채우면 구르는 성질도 비교적 좋았다. 대략 1960년대까지만 해도 온 동네 꼬마들이 동네 공터에서 돼지 오줌보 하나를 따라 몰려다니는 모습을 볼 수 있었다.

물론 돼지 오줌보라는 것도 돼지 한 마리를 잡았을 때 딱 한 개 얻을 수 있기에 꽤나 귀한 물건이던 것은 분명하다. 돼지를 잡아 잔치를 열 만큼 부유한 집, 혹은 아버지가 도살장이나 식당을 운영하는 집의 아이가 주로 돼지 오줌보를 구했고, 그 귀한 공 덕분에 친구들의 인기를 독차지했다.

가죽 공이나 돼지 오줌보가 없다고 해서 공놀이를 하지 못한 것은 아니다. 실 뭉치나 새끼줄 뭉치, 혹은 콩 주머니나 종이 뭉치만 있어도 서로 던지고 받는 놀이 정도는 얼마든지 할 수 있기 때문이다. 오늘날 학교 쉬는 시간이나 점심시간이면 교실 뒤편에서 신문지나 연습장 종이를 뭉쳐서 만든 공으로 배구를 하거나 빈 우유갑을 발로 차서 주고받으며 축구나 족구 비슷한 미니 게임을 즐기는 것처럼 말이다.

고무에 미친 사람

아메리카 원주민의 고무공은 유럽인에게 큰 충격이었다. 마음대로 모양을 만들 수 있을 뿐만 아니라 벽이나 바닥에 튕겼을 때 통통 튀고 물에 젖거나 상하지도 않으며 형태가 오래 유지되는 고무는 유럽인에게 신소재였다. 하지만 그들의 기대와 달리 고무를 당장 활용할 수 있는 분야는 없었다. 천연 고무의 진액은 한 번 굳으면 그대로 형태가 유지되는 것이 아니라 조금씩 흘러내리고 주변 온도에 따라 계속 형태가 바뀌기 때문이다. 날씨가 더운 여름에는 녹아내렸고, 추운 겨울에는 딱딱하게 굳어서 탄력을 잃곤 했다. 원산지인 멕시코와 달리 계절의 변화가 뚜렷한 유럽에서는 고무를 옷이나 신발 재료로 사용하기도 어려웠고, 산업 재료로도 쓰기 곤란했다. 그나마 가장 먼저 활용된 고무의 실용적인 기능은 '연필로 쓴 글씨를 지우는 것'이었다. 오늘날 고무를 영어로 '러버rubber'라고 부르는데, '지우개'라는 뜻도 있다.

고무가 비로소 널리 활용된 데는 찰스 굿이어Charles Goodyear라는 미국의 발명가 덕이 크다. 일찌감치 고무의 장점에 주목한 그는 추위와 더위에 영향을 받지 않고 일정한 형태를 유지하는 고무를 만들기 위해 많은 노력을 기울였다. 평소에도 고무로 만든 옷과 신발, 모자를 착용하고 다녀서 '고무에 미친 사람'이라고 불리던 그는 밤낮을 가리지 않고 실험을 거듭한 끝에 1839년, 고무 진액에 황을 섞어 가공함으로써 꿈을 이룬다.

굿이어가 만든 '경화 고무'의 활용도는 무궁무진했다. 자동차와

자전거의 바퀴부터 신발 밑창까지 수많은 고무 제품이 만들어졌고^{오늘날}
그의 이름을 딴 타이어 회사가 있긴 하지만, 그와 직접적인 관계는 없다, 그 틈에 고무로 만든 공 역시
다양하게 만들어져 테니스를 비롯한 수많은 공놀이의 양상을 바꾸어
놓기도 했다.

그러나 정작 굿이어는 고무를 통해 돈을 벌지는 못했다. 특허 등록에
미처 신경을 쓰지 못하는 사이 특허권을 다른 사람이 가로채 버렸기
때문이다. 그는 평생 가난에 쪼들리며 살면서도 "과실을 엉뚱한 사람이
따 먹는 건 괜찮다. 과실을 거두지 못할까 봐 걱정했을 뿐이다."라며
대범하게 말했다고 한다.

참고로 한국에서 처음 고무를 사용한 것은 3.1운동이 일어난
1919년이다. 그해 8월 설립된 '대륙고무 주식회사'에서 검정 고무신을
생산하기 시작한 것이다.

찰스 굿이어

고대와 중세의
공놀이

오늘날의 공놀이 가운데 어떤 것들은 단순한 놀이의 차원을 훨씬 뛰어 넘는 의미를 갖는다. 그것은 직업이고, 취미 생활이며, 문화 활동이고, 수 많은 사람의 삶에서 엄청난 비중을 차지하는 중요한 일이다. 이미 경제 적으로는 결코 무시할 수 없는 요소가 되었고, 때로는 정치나 외교에도 엄청난 영향력을 미친다.

우리나라에서 4대 인기 스포츠로 꼽히는 것은 야구, 축구, 농구, 배구 고, 미국에서 가장 인기 있는 스포츠는 농구, 야구, 미식축구, 골프다. 일본 에서는 야구와 축구가 '국민 스포츠'라 불리고, 유럽은 축구 국가 대항전 이나 클럽 대항전이 열릴 때마다 대륙 전체가 거대한 축제의 물결에 휩싸 이곤 한다. 그리고 배구, 핸드볼, 테니스 종목의 큰 대회가 열릴 때도 이에 관한 화제들이 쏟아진다. 경제적으로 어려운 처지에 놓인 아프리카와 남 아메리카의 어린이들은 축구공을 차면서, 중앙아메리카와 카리브해 연안 의 어린이들은 야구공을 던지면서 각각 유럽과 미국 프로 구단에 스카우 트되어 부자가 되고 가족들을 행복하게 해 주겠다는 꿈을 키우곤 한다.

오늘날 국가적인, 아니 세계적인 인기를 얻고 있는 구기 스포츠가 세 계 곳곳에서 수천 년 전부터 즐겨 온 공놀이들과 이어져 있음은 물론이 다. 공을 손으로 주고받는 놀이들은 농구, 배구, 핸드볼, 볼링으로 발전했 고, 발로 차서 주고받는 놀이들은 축구와 족구로 이어졌다. 또 몽둥이 같 은 도구를 이용해 공을 때리는 놀이들은 테니스, 배드민턴, 크리켓, 야구, 하키 등의 종목이 되었다. 하나의 종목은 또 다른 종목으로 변형되기도 했다. 축구는 우연한 계기에 럭비와 미식축구라는 자식을 낳았고, 테니 스는 좁은 공간이나 실내에서도 간단히 즐길 수 있도록 개량되면서 족구와 탁구라는 종목을 파생시켰다. 사람들이 핸드볼을 물속에서 즐기면서 수구가 생겨났고, 하키 시합을 얼음판 위에서 하면서 아이스하키가 만들어졌다.

앞에서 살펴본 것처럼 공놀이의 역사는 기록^{혹은 그림}을 통해 확인할 수 있는 것만 따져도 최소한 4000년 이상 된다. 그런데 그 대부분의 시간 동안 공놀이는 가끔 하는 종교 의식이나 국가 의례, 혹은 동네 아이들이 어울려서 즐기는 '장난'에 지나지 않았다. 요즘처럼 공놀이가 직업이 되고, 수많은 사람의 여가 수단이 되고, 공놀이에 관한 수많은 영화와 소설과 노래가 만들어지는 '공놀이 문화'의 시대로 접어든 것은 그리 오래된 일이 아니다.

오늘날의 구기 종목 스포츠가 자리 잡은 것은 불과 100여 년, 아무리 길어 봐야 지금으로부터 200여 년 안팎이다. 무려 4000년이 넘는 공놀이의 역사 속에서 최근 100~200년 사이에 이처럼 급격한 변화가 일어난 이유는 무엇일까? 이 질문에 대한 답을 찾기 전에, 우선 고대와 중세에 공놀이가 지금만큼 대단한 인기를 얻지 못한 이유부터 짚어 보는 것이 좋겠다.

달리기와 레슬링을 좋아한 고대인

몇몇 단편적인 기록이나 그림을 통해 추론해 볼 수 있는 까마득한 역사 시대 초창기를 지나, 본격적으로 문명이 꽃을 피우고 수많은 기록을 남

그리스에 있는 고대 올림픽 경기장.

기기 시작한 시점으로 가 보자.

우선 유럽 문명의 모태가 된 고대 그리스 사회를 보자. 고대 그리스의 도시 국가들이 4년에 한 번씩 모여 운동 경기로 우승자를 가리며 축전을 벌였다는 사실은 널리 알려져 있다. 바로 '고대 올림픽'이다. 고대 올림픽이 시작된 해는 기원전 776년이고, 마지막으로 열린 해는 서기 395년이다. 그 1000년이 넘는 긴 세월 동안 그리스 반도 곳곳에 자리 잡고 있던 여러 도시 국가뿐만 아니라 그들이 식민지로 개척한 스페인과 아프리카의 시민 수천 명이 4년에 한 번씩 제우스의 성역인 올림피아에 모여들어 맨몸으로 겨루고 열광했다.

그리스의 도시 국가들 가운데 가장 널리 알려진 중심지는 아테네와 스파르타지만, 정작 올림픽이 열린 올림피아는 엘리스에 있다. 엘리스는 규모도 작고 힘도 약했지만 그리스 반도 북쪽의 산악 지역과 남쪽의 해안 지역이 만나는 교통의 요지에 자리 잡고 있었다. 또한 제우스를 위한 성역이 있어 그리스 반도 곳곳, 천혜의 요새를 찾아 자리 잡은 도시 국가의 시민들이 한데 모여 평화의 제전을 벌이기에 안성맞춤이었다.

올림픽 경기가 시작되면 그리스의 모든 영역에 전쟁과 갈등을 중지하라는 휴전 명령이 제우스의 이름으로 선포되었다. 올림픽에 참가하는 모든 도시 국가는 무기를 놓아야 하며, 사형 집행과 법률적 소송과 논쟁도 모두 중지해야만 했다. 경기가 이어지는 기간은 대략 한 달 정도였지만, 경기에 참가하기 위해 먼 곳에서 오가는 사람들의 안전을 위해 전쟁과 갈등을 중지하는 기간을 3개월까지 늘리기도 했다.

경기의 승자에게는 헤라클레스가 심었다는 올리브 나무의 가지로 만든 관을 씌워 주었다. 월계수로 만든 월계관을 씌웠다는 속설은 잘못된 것이다. 고대 그리스에는 올림픽 외에도 여러 도시 국가가 한데 모여 우승자를 가리는 축전들이 있었는데, 축전에서 우승한 사람에게는 개최한 도시 국가를 상징하는 나무의 가지로 만든 관을 씌워 주었다. 월계관은 피티아 제전에서 수여하던 것이고 이스트미아 제전에서는 솔잎으로 만든 관을, 네미아 제전에서는 파슬리로 만든 관을 씌워 주었다. 올림픽을 주최하던 엘리스는 올리브 나무가 많이 자라는 곳이었고, 사람들이 그 열매와 기름에 의존

올리브 가지.

해 살아가던 곳이었다. 그래서 엘리스에서는 올리브 나뭇가지로 만든 관과 올리브유를 가득 담은 암포라^{항아리}를 선물했다.

출신지로 돌아간 올림픽 우승자에게는 그보다 큰 상이 기다리고 있기도 했다. 아테네 같은 부유한 도시 국가의 경우에는 올림픽 우승자에게 당시 양 500마리 값에 해당하는 돈을 상금으로 주기도 했고, 죽을 때까지 연금을 주어서 우승자의 체면을 유지할 수 있도록 해 주는 도시 국가들도 있었다. 올림픽 우승자라는 영예를 발판 삼아 이름을 널리 알리고 시민들의 인기를 얻은 뒤 선거를 통해 정치가로 출세하는 이들도 적지 않았다.

고대 올림픽에서 가장 중요한 종목은 달리기였다. 올림픽 자체가 달리기 경주로 시작된 축전이기도 했다. 1회 올림픽 때 치른 경기는 190미터 정도의 거리를 달리는 단거리 달리기뿐이었다. 그 뒤로 70여 년간 중거리 달리기, 장거리 달리기 같은 것들이 추가되면서 축전의 규모가 커졌다. 달리기 다음으로 추가된 것도 멀리뛰기, 원반던지기, 창던지기 같이 오늘날 '육상'의 범주에 묶이는 종목들이다. 그 뒤로 수백 년이 흐르는 사이에 추가된 것이 레슬링과 복싱, 판크라티온^{pankration, 요즘의 종합격투기와 유사한 운동} 같은 격투기 종목이고, 고대 올림픽 말기에는 말 네 마리가 <u>끄는</u> 전차를 몰고 달리는 전차 경주도 추가되었다.

고대 그리스의 올림픽에는 구기 종목, 즉 공놀이가 하나도 없었다. 《길가메시 서사시》에 나오는 폴로 비슷한 경기나 이집트 벽화에 등장하는 저글링 비슷한 경기도 없었다. 중국을 비롯한 여러 지역에서 성행했던 '공을 발로 차는 경기'도 물론 없었다. 왜일까?

그리스에 있는 고대 격투기 연습장.

고대 그리스인이 중요하게 생각한 경기들은 대개 '순수하게 맨몸으로 능력을 겨루는 것'이었다. 그것이야말로 인간과 세계를 창조한 신을 찬미하고 감사를 표현하는 방법이라고 믿었기 때문이다. 그래서 고대 올림픽에 참가하는 선수들은 옷을 전혀 입지 않았다는 것도 유명한 이야기다. 태어난 그대로, 신이 준 몸뚱이 그대로의 능력만을 가지고 겨룬다는 생각이 반영된 대목이다. 달리기나 격투기 종목은 신체의 능력 외에 운 같은 요소가 개입할 여지가 거의 없다. 물론 나중에는 '순수한 신체'의 범위를 벗어나는 전차 경주가 올림픽 종목으로 채택되기도 했지만, 그 시대에는 말을 다루는 능력도 하나의 신체 능력으로 간주됐다는 점도 고려할 필요가 있다. 또 한편으로 전차 경주는 로마인이 가장 좋아하는 종목이었는데, 전차 경주가 올림픽으로 진입한 것은 고대 올림픽의 말기에 로마인이 축전의 주도 세력으로 자리 잡게 된 것과도 무관하지 않다.

그런 고대인이 볼 때 공놀이는 말 그대로 놀이에 지나지 않았다. 운에 의해 좌우되는 부분도 많거니와 몸 자체의 강인함보다는 얄팍한 기술에 의존하는 영역이 너무 크다고 여긴 것이다. 달리기나 레슬링의 승자는 올림포스의 신이 만들지만 공놀이의 승자는 인간이나 잡신들에 의해 결정된다고 생각했을지도 모른다.

물론 그것 말고도 이유는 더 있다. 우선 고대 올림픽 종목들은 대부분 개인전이었다. 공놀이는 대부분 집단 간의 대결 형태로 이루어지는데, 협력에 기초해서 경기를 풀어 나가는 단체전 개념의 종목은 세월이 좀 더 흐른 뒤에 나타난다. 그리고 또 하나의 중요한 이유는, 공정한 경기를 치를 수 있을 만큼의 일정한 움직임을 보여 줄 '좋은 공'을 만들 기술이 없었다는 점이다. 찌그러지고 잘 튀지도 않는 공을 가지고 경기를 진행할 수 있는 구기 종목은 거의 없다.

칼싸움과 창 싸움을 좋아한 중세인

인류의 역사를 유럽 기준으로 보면, 문자를 발명해 기록을 남기기 시작한 이후로 그리스 시대를 거쳐 서로마가 멸망할 무렵까지를 고대로 본다.

그리고 그 이후부터 동로마 제국이 무너지는 15세기까지를 중세로 묶는다. 그리스 시대와 로마 시대로 이루어진 고대가 인간의 욕망과 본성을 긍정하고 그것에 충실한 세속적인 시대였던 반면, 유럽의 중세는 기독교적 윤리에 의해 통제된 엄숙주의적인 시대였다고 할 수 있다.

그런 중세 유럽 사회를 이끌어 간 지배 계급은 크게 두 집단으로 이루어져 있었다. 하나는 종교적 권위를 기반으로 여러 영향력을 행사하며 특권을 누린 가톨릭 성직자들이다. 그들은 교황에서 추기경, 주교 등으로 이어지는 교회 조직을 통해 사회에 정신적이고 문화적인 지배력을 행사했고, 곳곳에 설치한 수도원을 통해 경제적인 힘을 키우기도 했다. 또 다른 지배 계급은 봉건 귀족들이다. 왕, 제후, 기사 등으로 계열화된 그들은 무력을 통해 각자의 영역을 보장받고 그 안에서 살아가는 사람들을 보호하는 동시에 지배했다.

두 집단은 때로는 충돌하고 대립하기도 했지만 기본적으로 서로 협력하며 공생했다. 흔하지는 않았지만 두 집단이 충돌할 때는 교회가 '파문'이라는 무기를 이용해 정치 권력을 통제하기도 했는데, 교회로부터 파문당하면 그 사회의 누구도 복종할 필요가 없는 '이단'으로 낙인찍히는 셈이므로 궁극적으로 중세 유럽 사회의 정점에 선 것은 성직자였다고 볼 수 있다.

그렇게 중세 유럽 사회의 정점에 자리하고 있던 교회와 성직자들은 기본적으로 스포츠를 좋아하지 않았다. 스포츠는 인간의 감정을 흥분시키고 결국에는 폭력적으로 만들어서 누군가 다치게 하거나 갈등하게 하는 위험한 행위라고 봤다. 물론 그들도 인간이기 때문에 스포츠가 주는 즐거움을 모르지 않았고, 특히 수도원 생활의 무료함을 달래기 위해 은밀하게 스포츠를 즐기기도 했다. 하지만 교회는 기본적으로 '오직 인간적인 즐거움만을 위해 몸을 움직이는 일'에 대해 비판적이었다. 수도원에서 무료한 나날을 보내던 젊은 수도자들과 달리 교회 권력의 정점에 있던 '늙은' 성직자들에게는 스포츠라는 게 별로 매력 없는 일이었기 때문인지도 모른다.

1451년에는 영국 교회 안에 만들어진 테니스 동호회가 "경기 도중 가증스럽고 불경스러운 언어와 무분별한 욕을 입에 담는다."는 이유로 주교로부터 파문당하기도 했고, 비슷한 시기에 프랑스 교회 평의회는 "성직자들이 부끄러운 줄도 모르고 부적절한 복장을 한 채 테니스를 치는 행위를 엄금한다."는 포고문을 내걸기도 했다. 이 사건들은 스포츠에 대해 교회가 가지는 기본적인 입장이 무엇이었는지를 보여 준다.

물론 봉건 귀족은 생각이 조금 달랐다. 밖으로는 외적의 침입을 물리치고 안으로는 영지 농민들에 대한 지배권을 유지하기 위해 군사력을 키워야 했던 그들에게는 '몸을 단련하는 일'이 필수적이었기 때문이다. 하지만 그들도 공놀이에는 별 관심을 가지지 않았다.

봉건 귀족이 보기에 고대인이 즐기던 달리기와 레슬링은 강인한 병사를 만들고 전쟁 기술을 가르치는 데 도움이 되었다. 하지만 공놀이 따위는 전투력을 향상시키는 데 아무런 도움이 되지 않는다고 생각했다. 물론 그것은 짧은 생각일 수 있다. 중국에서는 춘추 전국 시대 때 부대의 결속력을 강화하는 훈련에 오늘날의 축구와 비슷한 축국 경기를 활용한 적이 있기 때문이다.

어쨌거나 중세 유럽의 봉건 귀족이 가장 즐기던 스포츠는 검술과 창술이었다. 특히 두 명의 기사가 말에 탄 채 창이나 장대_{부상을 막기 위해 끝부분을 푹신한 천으로 감쌌다}를 겨누고 마주 달리면서 격돌하는 기마창 시합은 최고의 인기 종목이었다. 그들은 혹시 외부에서 공격을 받거나 반대로 외부로 정벌을 나갈 때 병사로 징집될 농민들에게도 창이나 활 쓰는 법을 가르치고 연습하게 했는데, 들판에서 공이나 차고 놀며 훈련을 게을리하는 행위는 단속과 처벌의 대상이 되었다. 물론 농사일 외에도 영주를 위해 일하느라 늘 바쁜 농민들에게는 공놀이를 할 만큼 넉넉한 시간이 허락되지도 않았지만 말이다.

물론 그렇다고 해서 중세 사람들이 공놀이를 멀리하기만 한 것은 아니다. 재미를 향한 사람들의 관심은 어떤 감시와 협박으로도 지울 수 없기 때문이다. 아무리 무서운 선생님의 수업 시간이어도 졸거나 딴짓을 하거나 몰래 쪽지를 돌리는 아이들은 있기 마련 아닌가. 오늘날 전 세계에 수많은 동호인을 보유하고 있는 인기 스포츠인 볼링과 테니스가 바로 중세 유럽 사회의 엄숙한 분위기를 주도했던 교회와 수도원에서 탄생했다는 사실은 그런 면에서 역설적이면서도 자연스럽다.

수도원에서 시작된 공놀이들

'필요는 발명의 어머니'라는 말이 있다. 그렇다면 '놀이의 어머니'는 무엇일까? 바로 무료함, 심심함, 혹은 따분함이라고 할 수 있을 것이다. 심심한 인간은 어떻게든 즐길 거리를 찾거나 만들어 내게 되어 있다. 놀 거리가 아무것도 없는 데다 감시의 눈길까지 촘촘한 학교 수업 중에도 연습장에 바둑판을 그려 놓고 빨간 볼펜과 파란 볼펜을 이용해 짝꿍과 오목을 두지 않던가.

중세 유럽에서 가장 따분한 곳은 아마도 수도원이었을 것이다. 그곳을 제외한 특권층의 대부분은 귀족적인 환락을 즐기거나 전쟁에 몰두하는 역동적인 삶을 살았을 것이고, 대부분의 농민은 하루하루 생존을 위해 감당해야 할 무거운 노동과 의무들 때문에 감히 따분할 겨를이 없었을 것이다. 그런 점에서 그 시대에 따분함이란 작은 고통이긴 해도 근본적으로는 특권이었다고 볼 수 있다.

수도원이란 신과 함께하기 위해 세속의 모든 인연을 끊은 수도자들이 모여 생활하며 매일 예배^{미사}를 드리고 성경을 연구하는 곳이다. 하지만 중세에는 수도자로서 종교에 귀의한 이들 중 많은 이가 신부가 되고 주교가 되어 유럽 사회를 이끌어 갔기 때문에 사회 지도층을 양성하는 일종의 교육 기관 비슷한 의미도 가지고 있었다.

수도자들의 생활은 그야말로 따분하고 무료할 수밖에 없었다. 세속적인 안락이나 즐거움과 결별하기 위해 만든 시설인 만큼 즐거움을 위한 어떤 공간과 시간도 허락되지 않았다. 소박하게 농사를 짓거나 탁발하는 시간을 제외하면 매일 하루의 대부분을 성경을 읽거나 필사^{筆寫. 손으로 베껴 쓰는 일}로 채워야 했다. 인쇄술이 발명되기 전까지 성경을 남기고 전하는 것은 순전히 수도자들의 부지런한 베껴 쓰기를 통해서 이루어졌기 때문에 필사는 수도원에 맡겨진 중요한 일 중의 하나였다. 그런 따분하고 가난

미국의 화가 존 화이트 알렉산더가 미국 의회 도서관에 그린 벽화 '책의 진화' 연작 중 중세의 필경사가 그려져 있는 부분.

하고 힘든 생활을 잘 이겨 내는 것이야말로 훌륭한 성직자가 될 수 있는 좋은 자질로 여겨졌고, 수도자들끼리 이야기를 나누는 것조차 신앙적으로 게으르거나 불량한 태도로 여겨졌다. 하지만 그런 꽉꽉한 생활 속에서 태어난 공놀이들이 있었으니, 그 대표적인 것이 볼링과 테니스다.

13세기 무렵 독일 지역의 성직자와 수도자들이 행하던 종교 의식 중에 '케게르 넘어뜨리기' 혹은 '케글링kegling'이라 불리던 것이 있다. 막대기를 몇 개 세워 두고 멀찍이 떨어진 곳에서 공을 굴려 쓰러뜨리는 것으로, 막대기이 막대기를 '케게르'라고 불렀다들은 악마와 유혹들을 상징하고 그것을 향해 굴러가는 공은 신을 향한 성직자의 단단한 마음을 상징했다. 말하자면 불쑥불쑥 솟아나는 악마의 속삭임을 신을 향한 굳은 마음으로 쳐서 무너뜨리겠다는 의지를 형상화한 의식인 것이다.

그런데 문제가 있었다. 이 종교 의식이 생각보다 재미있었던 것이다.

공을 정확하고도 강하게 굴려야만 단번에 모든 막대기를 쓰러뜨릴 수 있는데, 그건 많은 사람의 도전 욕구를 부채질할 만큼의 적당한 난이도를 가지고 있었다. 게다가 계산된 각도대로 정확하게 굴러간 공이 막대기들을 단번에 쓰러뜨려 산산이 흩어 버리는 순간에 느끼는 쾌감은 또 어떤가. '딱', '우르르' 하는 소리들도 짜릿하거니와, 자신이 날린 '한 방'에 의해 여지없이 무너져 널브러진 악마들막대들의 처절한 몰골을 보는 마음은 또 얼마나 의기양양했겠는가.

물론 그처럼 천박하고 인간적인 즐거움 따위를 위해서 공을 굴린다는 말은 차마 입 밖에 내뱉을 수 없었겠지만, 수많은 성직자와 수도자가 이심전심으로 케글링 의식의 빈도를 높이고 앞다투어 참여했을 것임은 쉽게 상상할 수 있다. 결국 이 놀이는 공식 일정이 없는 날에도 수도원의 은밀한 뒤꼍에서 '개인적인 의식'이라는 명목으로 벌어졌고, 언제인가부터는 수도원 담장을 넘어 마을 골목 곳곳에서도 이를 따라 하기 시작했다.

1517년 10월 31일 독일 비텐베르크 대학교 부속 교회당의 정문에 '95개조 반박문'을 붙인 마르틴 루터Martin Luther라는 성직자가 있다. 교회가 성당 수리할 돈을 마련하기 위해 '면죄부교회가 돈이나 재물을 바친 사람에게 발행해 준 증서로, 죄를 씻어 준다는 내용이 담겨 있다'를 파는 모습에 반발한 행동이었다. 교회와 교황에 대한 정면 도전인 그 행동으로 마르틴 루터는 파문당했지만, 그것은 오히려 중세 교회의 권위를 해체하고 기독교가 다양한 가치관과 결합, 발전하면서 새로운 시대를 열어 가게 하는 중요한 계기가 되었다. 그 결과 마르틴 루터는 오늘날 배교자나 이단이 아니라 '종교 개혁의 아버지'로 불리고 있다. 그런데 그 마르틴 루터가 '볼링의 아버지'기도 하다는 사실은 별로 알려져 있지 않다.

루터 역시 케글링 놀이, 아니 의식에 꽤 심취했던 모양이다. 제각각 기분대로 막대기를 세우고 공을 굴려 쓰러뜨리는 '종교 의식의 탈을 쓴 놀이'였던 케글링에 대해 나름대로 심층적인 연구를 했던 인물이 바로 루터고, 최초의 표준 규칙을 만들어서 전파한 것 역시 루터였기 때문이다. 루터는 술병 모양의 핀 9개를 마름모꼴로 배열해 놓고 공을 굴리는 방식으로 경기 규칙을 통일했고, 진흙에 숯을 섞고 다져서 레인^{lane, 공을 굴리}는 평평한 판을 만드는 방법까지 정리했다.

그렇게 통일된 규칙이 만들어지자 더 많은 사람이 그 놀이에 빠져들었다. 실력을 객관적으로 측정하고 비교할 기준이 생겼기 때문이다. 놀이가 경기로 진화하는 데 반드시 필요한 핵심 요소는 '공정한 승패 구분을 가능하게 하는 객관적인 규칙'이다.

"나는 핀 아홉 개를 단번에 쓰러뜨릴 수 있지."

"제법이군. 하지만 나는 그걸 연속으로 다섯 번이나 성공시켰어."

"허풍이 너무 심하구먼."

"그럼 나와 한번 겨뤄 볼 텐가?"

"좋아. 자신 있다면 덤벼 봐. 지는 사람이 술 한 병 내기로 하세."

사람들은 그 놀이를 케글링 대신 '나인핀스^{nine pins}'라는 이름으로 불렀다. 아무래도 종교 의식의 흔적이 남아 있는 놀이에 술이나 돈을 걸고 내기한다는 것은 신학적인 가치관에서 완전히 벗어날 수 없는 중세인의 죄책감을 자극했을 것이다.

종교 의식에서 놀이로 탈바꿈한 나인핀스는 수도원 밖 속세로 널리 퍼져 나갔다.
얀 스테인, 〈여인숙 밖에서 나인핀스를 하는 사람들〉, 1660~1663년, 33.5×27cm,
패널 위에 유채, 런던 국립 미술관.

이름을 바꿈으로써 하나의 놀이이자 경기로 탈바꿈한 나인핀스는 더 빠르고 넓게 속세로 번져 나갔다. 특히 독일과 네덜란드 지방에서 성행했는데, 워낙 많은 사람이 이 놀이를 하며 돈내기를 했기 때문에 교회가 나서서 금지령을 내리는 소동이 벌어지기도 했다.

나인핀스가 오늘날의 볼링으로 이어지기까지 많은 변화가 있었다. 그중 가장 두드러지는 것은 '마름모꼴로 배열한 9개의 핀' 대신 '삼각형으로 배열한 10개의 핀'을 향해 공을 굴린다는 점이다. 핀의 수를 루터가 정한 9개에서 10개로 바꾼 이유는 교회의 나인핀스 금지령 때문이었다. 교회가 금지한 것은 '핀을 향해 공을 굴리는 행위'가 아니라 나인핀스, 즉 '아홉 개의 핀을 향해 공을 굴리는 행위'였다. 그 재미있는 놀이를 그만두고 싶지 않았던 사람들은 핀 한 개를 추가하고 놀이의 이름을 바꾸는 방식으로 간단히 감시와 규제의 눈길을 피해 갔고, 그 전통이 지금까지 이어지고 있다.

테니스도 비슷하다. 정확한 시점은 알 수 없지만 최소한 12세기 이전에 프랑스의 수도원에서 비롯되었다. 수도원에는 와인을 담가 미사주를 만들 때 병마개로 쓸 코르크가 쌓여 있었다. 그런데 무료한 일상에 지친 몇몇 수도자가 코르크를 잘게 부수고 동그랗게 뭉쳐 천 조각으로 감싼 다음 실로 정성껏 동여매서 공을 만들었고, 수도원의 구석진 복도에서 그 공을 손바닥으로 쳐서 주고받는 놀이를 즐기곤 했다. 고무만큼은 아니지만 나름대로 탄성이 있는 소재인 코르크를 잘게 부순 다음 천으로 감싸는 방식으로 가공함으로써 진일보한 공 제조 기술이 탄생한 것이다. 오늘날에도 이 방식을 이용해서 공을 만드는 경우가 적지 않은

데, 그중 대표적인 것이 야구공이다. 야구공은 탁구공보다 조금 작은 동그란 코르크를 양털 실로 촘촘하게 감은 다음 소가죽으로 감싸고 꿰매서 만든다.

수도원 복도에서 코르크 공을 손으로 쳐서 주고받던 놀이는 조금씩 발전하며 변형됐다. 그리고 수도원 밖에서 널리 유행하게 되었을 때 그 놀이는 '죄드폼jeu de paume, '손바닥 놀이'라는 뜻'이라는 이름을 얻었다. 죄드폼은 이름과는 달리 라켓을 이용해 공을 쳐서 네트 너머로 넘기는 방식으로 정착했다.

1789년 프랑스 혁명이 일어나기 직전, 헌법 제정에 참여시켜 달라고 요구하던 시민 대표들이 왕궁 출입을 금지당한 뒤 궁전 근처에 있던 죄드폼 경기장에 모여 "요구가 관철될 때까지 흩어지지 않고 끝까지 단결

17세기 죄드폼 경기의 모습.

해서 싸운다."며 결의한 사건이 있었다. 프랑스 혁명사의 결정적 한 장면
인 '죄드폼 경기장의 서약'인데, 우리나라 교과서에는 '테니스 경기장의
서약' 혹은 '정구장의 서약'이라는 이름으로 등장한다. 기록에 따르면 그
무렵 프랑스에만 250개의 죄드폼 경기장이 있었다고 하고, 항간에는 "프
랑스에는 죄드폼 선수가 영국의 술주정뱅이보다도 많다."는 우스갯소리
도 있었다고 한다. 물론 왕족, 귀족, 성직자 등 이른바 특권층에만 한정된
현상이긴 했지만, 그 당시 프랑스에 얼마나 널리 퍼져 있던 놀이였는지
짐작할 수 있다.

죄드폼 역시 그 시작은 교회의 일부인 수도원이었지만 정작 죄드폼
의 엄청난 유행은 교회 지도부에서 별로 달가워하지 않았다. 교회는 죄
드폼 경기에 열중하다가 무의식적으로 튀어나오는 "젠장", "빌어먹을" 따

자크 루이 다비드, 〈죄드폼 경기장의 서약(Le Serment du Jeu de Paume)〉, 1791년, 65×88.7cm,
캔버스에 유채, 파리 카르나발레 미술관.

프랑스 베르사유 궁전에 남아 있는 죄드폼 경기장.

위의 '저급한 말들'과 땀 흘려 뛰는 동안 잠깐씩 흐트러지는 옷매무새를 트집 잡아 여러 차례 금지령을 내렸다. 물론 승부에 대한 과도한 열정으로 상대방과 격하게 충돌하거나 험하게 말싸움하는 모습을 본 교회 지도부가 죄드폼 경기에 대해 심각한 문제의식을 느꼈으리라는 점도 충분히 상상할 수 있다.

　하지만 인류 역사상 금지령 때문에 순순히 소멸되어 버린 놀이는 찾아보기 힘들다. 금지된 것은 더욱 묘한 호기심을 자극하기 마련이고, 변형되든 잠시 숨든 어떻게라도 이어지는 것이 놀이의 생명력이다. 어떤 놀이가 갑자기 소멸되어 버린다면 그 이유의 99.9퍼센트는 '재미가 없어서' 혹은 '더 재미있는 것이 생겨서'일 뿐이다. 죄드폼 역시 여러 차례 비판과 금지령의 대상이 됐지만, 결국 사라지지 않았다. 프랑스에서는 대혁명의 와중에 잠시 대가 끊겼지만, 영국에서 인기를 끌며 세계로 번져 나갔다.

죄드폼이 테니스의 직접적인 조상임은 의심할 여지가 없다. 그런데도 오늘날 테니스의 종주국은 흔히 영국이라고 알려져 있는데, 그렇게 된 이유는 3장에서 살펴볼 것이다.

나인핀스와 죄드폼처럼 몇 가지 예외적인 경우가 있긴 하지만 어쨌거나 유럽의 중세에는 공놀이뿐 아니라 운동 자체를 금기시했다. 절제와 금욕, 그리고 신에 대한 순수한 경외심만을 강조하는 교회와 전쟁 기술 연마만을 재촉하는 영주들 아래서 극심한 생활고와 불안에 시달리던 농민들의 피곤하고 그늘진 얼굴이야말로 중세 유럽인의 삶을 대표하는 인상이다. 그래서 '공놀이의 시대'는 중세를 유지하던 질서에 균열이 생긴 뒤에 시작되었다. 구체적으로 말하자면 산업혁명과 시민혁명이 이루어진 다음부터 말이다.

'해리 포터'의 퀴디치

영국 작가 조앤 롤링Joan K. Rowling의 소설 '해리 포터Harry Potter' 시리즈는
'성경 이후 최대의 베스트셀러'라고 불린다. 1997년 첫 번째 책 《해리
포터와 마법사의 돌》을 출간한 이후 2016년까지 8편이 나왔는데,
판매량을 모두 합치면 2013년 기준으로 5억 부가 넘는다. '해리 포터'
시리즈는 8편의 영화로도 제작되었는데, 책이나 영화로 이 시리즈를 접한
독자와 관객을 모두 합치면 전 세계 인구의 절반은 될 것이다.

　'해리 포터'에 매료된 사람들 중에는 '가장 좋아하는 스포츠'로
'퀴디치quidditch'를 꼽는 이들도 적지 않다. 퀴디치는 '해리 포터'에 나오는
마법사들의 운동 경기로, 당장 현실에서 경험할 수는 없지만 많은 사람의
상상 속에서 가장 역동적이고 가장 우아한 형태로 살아 있기 때문이다.
작가의 서술에 따르면 무려 1000년이 넘는 유구한 전통을 가지고 있다는
퀴디치는 마법사들의 전통적인 이동 수단인 빗자루를 타고 하늘을
날며 세 가지 종류의 공을 다루는 스포츠다. '퀘플'이라는 공은 상대편
골대에 넣어야 하고, '블러저'라는 공은 상대편 선수를 맞혀서 떨어뜨리는
데 사용하며, '스니치'라는 공은 쫓아가서 잡아야 한다. 각각의 방식으로
점수를 얻어 150점을 채우면 승리하는데, 때로는 3개월까지도 이어지는
길고 격렬한 경기다.

　'해리 포터' 세계관의 창조자 조앤 롤링은 이 퀴디치라는 경기를
어떻게 생각해 냈을까? 그녀가 직접 밝힌 적은 없지만, 현실에

존재하는 몇몇 공놀이들이 힌트를 주었음은 분명하다. 우선 공을 골대에 넣는다든가, '퀴디치 월드컵'이라는 이름의 대회를 치른다든가 하는 점에서는 축구의 흔적이 보인다. 조앤 롤링이 축구의 종주국 영국 출신이라는 점과, 포르투갈의 명문 클럽 '포르투'의 홈구장 근처에 살던 경험이 작품에 많이 반영되어 있다는 점을 보더라도 개연성은 충분하다.

또한 퀴디치는 공을 골대에 넣기만 하는 것이 아니라 상대 선수를 쓰러뜨리고, 쓰러뜨리려는 상대 공격수를 막아 내는 등 포지션이 나뉘어 있다는 점에서 럭비나 미식축구와도 유사하고, 공을 스틱으로 몰고 다닌다는 점은 아메리카 인디언의 전통 스포츠인 '라크로스lacrosse'와 닮았다.

공놀이와
근대

19세기 무렵부터 인간은 그 이전의 수천 년과는 완전히 다른 방식으로 살아가기 시작했다. 여러 가지 측면에서 엄청난 변화가 일어났지만, 그중에서도 가장 중요한 변화는 바로 신분 제도가 사라졌다는 점을 들 수 있다. 수천 년 동안 타고난 신분에 따라 왕족과 귀족, 평민과 노예 등으로 나뉘어 각자 할 수 있는 일과 해야 하는 일, 가진 것과 가질 수 없는 것을 운명처럼 받아들이며 살던 것을, 19세기를 전후한 시점부터 그만두었다는 이야기다.

그렇게 신분 제도에 기초한 사회 질서를 무너뜨린 사건을 '시민혁명'이라고 부른다. 17세기 영국의 청교도 혁명에서 시작해 18세기 미국의 독립 혁명과 프랑스 대혁명 등을 거치며 불타오른 시민혁명은 100여 년 사이에 유럽과 북아메리카 지역을 넘어 아시아와 아프리카 대부분의 나라로 전파되었다. 우리나라만 해도 고조선 시대부터 조선 시대까지 단단하게 유지되던 신분 제도가 이 무렵 사라졌고, '양반'이니 '상놈'이니 '뼈대 있는 가문'이니 하는 말을 쓰면 고리타분하다는 비웃음을 사는 시대로 발전했다.

신분 제도의 붕괴는 인간의 삶에 여러 변화를 가져왔다. 사회의 자원을 배분하는 기준이던 '신분'이 사라지고 산업혁명을 통해 성장한 '경제력'이 그것을 대신하면서 자본주의가 자리 잡게 된 것이 그 대표적인 예다. 민족주의와 지역주의를 비롯한 여러 가지 형태의 집단주의가 등장한 것도 시민혁명이 가져온 중요한 변화 가운데 하나다.

시민혁명 이후에 집단주의가 등장했다는 이야기가 생소하게 들릴 수도 있다. 전통 사회의 해체와 더불어 개인주의가 탄생했고, 근대 시민

사회는 개인주의의 토대 위에 세워졌다는 것이 교과서적인 상식이기 때문이다. 하지만 개인주의와 집단주의는 동전의 양면처럼 공존하며 대립하는 한 쌍이다.

이렇게 생각해 보자. 왕정 시대에 프랑스의 귀족은 프랑스의 농민과 독일 귀족 중 어느 쪽에 더 많은 유대감을 느꼈을까? 성인이 된 딸과 결혼시킬 사위를 고른다면 프랑스의 농민과 독일의 귀족 중 어느 쪽을 골랐을까? 당연히 독일의 귀족일 것이다. 신분 제도가 지배하던 사회에서는 같은 신분의 사람에게 가장 강한 동질감과 유대감을 느낄 수밖에 없다는 이야기다. 그러니까 같은 나라, 같은 지역에서 사는 사람이라고 해도 서로를 공동 운명체라고 여기면서 협력하는 유대 의식 같은 것은 그다지 강할 수가 없었다. 같은 민족이라는 이유로 서로를 공동 운명체로 여기며 힘을 합해 공동의 위기 상황을 헤쳐 나가거나 공동의 영광을 얻기 위해 노력하는 민족주의라는 것이 시민혁명 이전까지는 존재할 수 없었던 이유다.

예전에는 신분에 의해 나뉘던 사람들이 시민혁명을 거친 뒤에는 국가별로, 지역별로 나뉘어 단결하기 시작했다. 그렇게 단결한 국가들이 각자 이익을 극대화하기 위해 추진한 것이 식민지 개척이고, 유럽을 제외한 지구상 대부분의 땅을 식민지로 만들어 버린 뒤에 폭발적으로 일어난 식민지 쟁탈전이 바로 제1차 세계대전이다. 축구는 바로 그런 민족주의를 비롯한 집단주의의 등장 과정을 잘 보여 준다.

축구는 오늘날 세계적으로 사랑을 받고 있는 구기 종목이다. 그래서 전 세계 대부분의 나라가 4년마다 참가해 축구 최강국을 가리는 월드컵 대회는 올림픽을 제치고 세계 최대의 스포츠 국제 대회로서 지위를 지키고 있다. 그렇다면 이 축구는 언제 어떻게 시작되었을까.

지금으로부터 3500년쯤 전 멕시코 지역에 살던 마야인은 엉덩이와 허리 부위를 이용해 공을 주고받으며 벽 높은 곳에 설치한 구멍으로 공을 집어넣는 울라마 놀이를 했다. 그리고 2200년쯤 전 중국 한나라 사람들은 가죽 공을 발로 차는 축국 놀이를 즐겼다. 2700년쯤 전 그리스 사람들은 공을 차거나 던지는 '에피스키로스episkyros', '하르파스톤harpaston'이라는 놀이를 즐겼다는 기록도 있다. 그 밖에도 어느 지역의 어느 나라든 고대 유적이나 기록을 뒤지다 보면 오늘날의 축구를 연상시킬 만한 놀이의 흔적이 나온다. 공을 보면 발로 차

고 싶어지는 것은 문화적 차이를 넘어 모든 인간의 내면에 숨어 있는 일종의 본능 같은 것이기 때문이다. 축구의 기원에 관한 논란이 끊이지 않는 이유다.

하지만 오늘날의 축구와 유사한 규칙이 만들어지고 그 규칙에 따른 각종 경기와 대회가 열리기 시작한 것은 1863년 영국에서였다. 브리튼 섬 밖의

피레우스에서 발견된 고대 그리스 대리석 무덤에 새겨진 그림으로, 에피스키로스 하는 모습이 담겨 있다.

원시 축구들 중 어느 것도 19세기 영국인의 축구에 직접적인 영향을 미쳤다는 근거는 발견되지 않았다. 세계의 여러 지역에서 아주 오래전부터 '축구 비슷한 놀이'를 한 것은 사실이지만, 19세기 영국인이 그것에 대해 전혀 알지 못했다면 현대 축구에 영향을 주었다고 말하기는 어렵다. 미국의 영화배우 브래드 피트의 멋진 보조개가 내 친구의 멋진 보조개와 비슷할 수는 있어도 영향을 주었다고 할 수 없는 것처럼 말이다.

물론 축구의 기원에 대해서는 영국 안에도 서로 다른 몇 가지 주장들이 존재한다. 대표적인 것은 11세기 영국을 점령한 덴마크의 군대가 물러간 뒤 주민들이 덴마크 병사들의 무덤에서 해골을 꺼내 발로 걷어차며 원한을 풀던 것이 현대 축구의 직접적인 기원이라는 설이다. 또 영주의 압제에 시달리던 스코틀랜드 앞바다 오크니 섬의 주민들이 봉기를 일으켜 폭군의 목을 자른 다음 그 머리를 발로 차며 마을 곳곳을 질주한 것이 축구의 기원이라는 설도 있다. 오크니 섬에는 아직도 마을의 모든 남자가 거리로 나와 폭군의 머리를 상징하는 공을 걷어차는 '바(ba)'라는 경기가 해마다 열린다.

두 가지 설에는 공통점이 있다. 공동체의 복수를 향한 집단적인 열정이 축구의 출발점이라는 것이다. 그리고 두 가지 사건 모두 후대에 창작된 것이 아니라면 비슷한 시기에 비슷한 일들이 곳곳에서 벌어졌다고 이해할 수도 있다. 그리고 바로 이 점은 19세기를 전후해 구기 종목이 역사의 전면에 나선 이유를 설명할 중요한 실마리가 된다.

중세에서 근대로 넘어오던 시기의 유럽은 온통 집단적 갈등으로 들끓는 용광로였다. 성직자와 봉건 귀족의 특권을 중심으로 1000년 이상 단단하게 유지되어 온 사회 질서가 흔들리기 시작한 것이다. 시민혁명에 성공해 노예의 삶을 벗어난 사람들의 소식을 들은 농민들은 용기를 내 뭉쳤고, 더 이상 치욕과 굴욕을 감수하지 않고 들고일어났다. 그중 규모가 작은 싸움은 마을의 탐관오리나 영주를 상대로 한 것이었고, 규모가 큰 싸움은 왕을 상대로 한 것이었다. 때로는 한 나라의 모든 사람이 힘을 합쳐 외부의 침략자에 대항하기도 했다. 압제자의 머리를 발로 걸어차면서 복수하는 일이 종종 일어날 수밖에 없던 까닭이다.

물론 피범벅이 된 머리나 두개골을 계속 걸어차면서 살아갈 수는 없다. 길고 긴 인생과 역사 속에서 싸움과 복수는 한순간일 뿐이다. 흥분을 가라앉히지 않고는 일상적인 생산과 소비를 이루어 갈 수 없다. 마을은 일상으로 돌아가야 했고, 안정과 평화를 유지해야 했다. 하지만 사람들은 이제 자유와 평화를 얻기 위해 참고 굴종하기보다 용감하게 맞서 싸워야 한다는 사실을 깨달았다. 그렇게 새로운 공동체를 만든 사람들은 그런 용기와 희생을 기억하고 후손 대대로 물려줘야 한다고 생각했다. 그래서 압제자의 두개골을 은유하는, 사람 머리와 비슷한 크기의 공을 만들고, 그 공을 차다가 다치거나 목숨을 잃을 정도로 열정을 과하게 폭발시켜도 이를 막기보다는 격려하고 영웅처럼 여긴 것이다.

분노한 젊은이들이 압제자의 머리를 걸어차며 거리를 질주한 일이 비단 영국에서만 일어난 것은 아니다. 비슷한 시기에 프랑스에서는 '라술la soule', 이탈리아에서는 '칼초calcio'라는 이름의 경기가 성행했는데, 이 두 가지 모두 스코틀랜드 오크니 섬에 지금도 전해오는 '바'와 규칙이 거의 비슷하다. 정해진 인원도 없고 정해진 경기 시간도 없으며 특별한 제한 조건도 없이 두 팀으로 나뉜 군중이 격돌해 각자 원하는 곳으로 공을 가져다 놓으면 이기는 경기다. 짧게는 반나절, 길게는 며칠씩 이어지면서 숱한 부상자와 사망자를 낸다. 모두 전투를 방불케 하는 게임인 것이다. 하지만 그중에서 유일하게 영국의 공차기 싸움만이 근대적 축구로 발전한다. 여기에는 또 몇 가지 이유가 있다. 이는 영국이라는 지역의 독특한 환경과 역사에서 비롯한다.

나라인 동시에 세계인 영국

근대 초기의 영국은 하나의 나라인 동시에 세계였다. 그래서 어떤 면에서는 고대 그리스와도 비슷했다. 우리가 오늘날 영국이라고 부르는 나라는 한반도와 비슷한 크기의 섬 그레이트브리튼과 그 서쪽에 있는 절반쯤 되는 크기의 섬 아일랜드로 이루어져 있다. 그 지역은 유럽 대륙의 중심인 프랑스, 독일과 멀지는 않지만 도버해협이라는 거친 바다를 사이에 두고 있다. 그래서 유럽의 문화를 공유하고 영향을 주고받긴 하지만 정치적으로는 대부분의 기간 동안 독립을 유지하고 독자적인 발전을 이룬 곳이기도 하다.

고대 그리스가 수많은 도시 국가로 나뉘어 서로 싸우기도 하고 교류도 하면서 발전한 것처럼, 그레이트브리튼과 아일랜드도 여러 개의 국가로 나뉘어 있었다. 그중 그레이트브리튼 섬의 잉글랜드, 스코틀랜드, 웨일스, 그리고 아일랜드 섬 북부의 북아일랜드는 오늘날 '그레이트브리튼 북아일랜드 연합 왕국United Kingdom of Great Britain and Northern Islands'이라는 이름으

그레이트브리튼 북아일랜드 연합
왕국 지도.

로 외교 무대에서 한 몸을 이루고 있지만, 각각의 자치권을 인정받아 행정적이고 법률적인 통치를 하고 있다. 아일랜드 섬 남쪽의 나머지 부분은 아일랜드 공화국'에이레(Eire)'라고도 불린다이라는 별도의 독립 국가로서 국제연합UN에 가입되어 있다.

영국의 중심은 물론 잉글랜드다. 지금으로부터 800여 년 전인 13세기 무렵 잉글랜드는 아일랜드와 웨일스, 스코틀랜드를 침략해 병합하면서 강대국으로 떠올랐다. 그리고 200여 년 전인 19세기 무렵 전 세계 육지의 6분의 1가량을 식민지로 삼아 '해가 지지 않는 제국'이라 불리며 영광의 시절을 보냈다. 그 대영제국 시대에 전 세계로 퍼져 나간 잉글랜드의 말이, 바로 오늘날 우리나라를 비롯한 수많은 비영어권 국가 청소년들을 골치 아프게 만드는 영어english다.

잉글랜드에 침략당해 나라를 빼앗긴 스코틀랜드와 웨일스, 아일랜드의 사람들은 아주 오랫동안 잉글랜드에 대한 반감과 원한을 가진 채 살아왔고, 호시탐탐 독립을 노렸다. 물론 오늘날에는 오랜 세월이 흐른 데다 민주주의 제도 아래 평등한 대우와 광범위한 자치권까지 누리고 있기에 적대 감정이 많이 누그러지긴 했다. 하지만 여전히 그곳 사람들 중에는 자신을 영국인이 아닌 스코틀랜드인이나 웨일스인, 아일랜드인으로 생각하고 자부하며 살아가는 이들이 많다.

영국 안의 네 지역이 국제 무대에서 서로 다른 깃발을 드는 경우가 딱 하나 있다. 바로 축구다. 축구에 있어서만큼은 영국이란 나라는 없다. 월드컵 유럽 예선에도 잉글랜드와 스코틀랜드와 웨일스와 북아일랜드가 다 따로 출전한다. 그러다 보니 박지성 선수의 맨체스터 유나이티드 시절 동료이자 선배였던 라이언 긱스처럼 대단한 실력을 가지고도 조국 웨일스가 워낙 약체여서 월드컵 무대를 밟지 못하는 선수는 잉글랜드로의 '귀화'를 권유받기도 한다. 네 지역의 대표 팀이 모여서 영국 최강의 팀을 가리는 축구 대회의 명칭도 '전 영국 축구 대회'가 아니라 '국제 축구 대회International Football Championship'고, 국제축구연맹이 축구 역사상 최초의 국제 대회로 기록하는 경기도 잉글랜드와 스코틀랜드가 맞붙어 0 대 0으로 비긴 1872년의 경기다.

하나의 나라인 동시에 세계인 브리튼 지역의 특성과, 그 안에서 각각의 공동체를 이루고 경쟁자이자 적대 세력이자 생존을 위해 필요한 동반자로 존재하는 네 지역의 특수한 관계는 서로 싸울 수밖에 없지만 죽이거나 치명상을 입힐 수는 없는 독특한 심리적 거리를 만들었다. 그것이 실제 전투 대신 축구라는 은유적인 전투를 하게 만든 배경일 것이다.

앞서 설명한 것처럼 축구는 침략자의, 혹은 압제자의 두개골에 발길질을 하기 위해 앞다투어 거리를 누비던 근대 시민의 열정에서 시작한 스포츠다. 그러다 보니 태생적으로 집단적인 분노와 복수심을 분출하고, 또 삭이는 과정을 내포하고 있다. 서로에 대한 반감을 가지고 있지만 이제는 헤어질 수도 없게 된 그레이트브리튼 섬의 네 지역 대표 팀이 격돌하는 국제 축구 대회의 의미는 무엇일까. 서로에 대한 분노와 원망을 총과 칼이 아닌 공에 담아 폭발시키고 승화하려는 역설적인 노력, 그것이 바로 축구의 탄생이자 곧 다가올 구기 스포츠 열풍의 배경이다.

죄드폼과 테니스

축구가 민중의 분노에서 싹텄다면, 테니스는 중세 귀족의 놀이에서 태어났다. 영국은 세계에서 가장 먼저 시민혁명에 성공한 나라지만 오늘날에도 여전히 왕이 있고, 귀족도 남아 있다. 영국의 시민혁명은 프랑스 대혁명처럼 왕과 귀족이 시민들에 의해 처단당하면서 이루어진 것이 아니기 때문이다. 1688년 영국 의회는 폭정을 일삼는 제임스 2세를 폐위하고 윌리엄과 메리 부부를 왕위에 올려 시민혁명'명예혁명'이라고도 한다'을 이뤘다. 당시 영국의 왕과 귀족은 시민들의 요구를 수용했고, 시민들은 왕과 귀족의 존재를 용납했다. 그러한 타협과 공존의 전통을 상징하는 스포츠가 바로 테니스다.

앞서 이야기한 것처럼 죄드폼은 12세기 무렵 프랑스 수도원의 몇몇 수도자들이 코르크 조각을 뭉쳐서 만든 공을 손으로 주고받은 놀이에서 시작되었다. 그런데 이 죄드폼을 약간 변형하고 단순화한 다음 이름을 바꿔 특허를 등록하고 경기 용품 세트를 상품화한 한 영국인이 있었다. '현대 테니스의 아버지'라 불리는, 대영제국 당시 육군 소령이던 월터 윙필드Walter Wingfield다.

죄드폼은 실내에서 하는 경기다. 손바닥보다 조금 크고 약간 휘어 있는 라켓으로 공을 쳐 네트 너머로 넘기는 죄드폼은 벽에 맞고 튀어나온 공도 다시 칠 수 있다는 점에서 지금의 테니스와는 다르다. 그래서 상대편 코트에 각도 큰 강타를 꽂아 넣는 스매싱은 별로 좋은 공격 방법이 아니다. 아무리 강하게 공을 때려 넘겨도, 혹은 아무리 각도가 큰 스매싱을 꽂아도 튕겨 나오는 공을 쳐서 넘기면 되기 때문이다. 그러다 보니 공을 최대한 회전시켜 공이 적게 튀거나 불규칙하게 튀어 오르도록 만드는 기술들이 발달했는데, 마치 탁구에서 공을 전혀 예측할 수 없는 방향으로 튀게 만드는 드라이브 공격과 비슷하다. 힘과 속도보다는 기술에서 승리의 열쇠를 찾아야 하는 종목인 것이다.

그런데 윙필드는 이와 다른 방법을 제시했다. 그는 사방이 트인 야외의 짧게 깎은 잔디 위에 선을 긋고 네트를 쳐서 경기장을 만들었다. 코트의 면적도 죄드폼보다 훨씬 좁게 잡아 거대한 토지와 돈을 가진 귀족이 아니라도 마을 공터에 부담 없이 경기장을 마련할 수 있도록 했다. 또한 라켓의 크기를 두 배 가까이 키워서 처음 배우는 사람도 공을 쉽게 맞힐 수 있게 했고, 그사이 급격하게 발전한 기술을 이용해 죄드폼 공보다 훨씬 잘 튀어 오르고 일관된 움직임을 보여 주는 속 빈 고무공을 만들었다. 경기장이 탁 트여 있었기에 공을 복잡하게 회전시키는 것보다 상대편이 도저히 받아 낼 수 없게 구석구석으로 강타를 날리는 공격 방식이 더 유효했다. 오늘날 세계 정상급 테니스 선수들이 저마다 시속 200킬로미터가 넘는 강 서브를 구사하는 것은 이때 규칙이 바뀌었기 때문이다. 윙필드는 '잔디 위에서 하는 테니스'라는 뜻의 '론lawn, 잔디 테니스'라고 이름 지었다. 경기 방식은 이후로도 많이 바뀌어 오늘날 다수의 테니스 대회는

죄드폼을 변형시켜 론 테니스를 만든
월터 윙필드.

진흙으로 만든 클레이 코트나 아스팔트 재질로 만든 하드 코트에서 열린다.

'테니스tennis'라는 말은 '어이, 이봐.'라는 뜻의 프랑스어 '테네tenez'에서 유래했다. 죄드폼 경기를 할 때 서브를 넣는 쪽에서 "지금 서브를 날릴 테니까 주의해."라는 뜻으로 "테네."라고 외치곤 했기 때문이다. 그 단어를 영국식으로 읽으면 '테네스'가 되는데, 그것이 변형되어 '테니스'가 되었다.

테니스에서 점수를 셀 때 0을 '제로zero'라고 하지 않고 '러브love'라고 하는 것도 테니스의 고향이 프랑스라는 점을 보여 주는 흔적이다. 우리가 글자 모양에서 착안해 '10 대 0'을 '십 대 빵'이라고 익살스럽게 표현하는 것처럼, 프랑스 사람들은 '0점'을 '달걀l'oeuf, 뢰프'로 표현했다. 그런데 이 '뢰프'라는 발음이 영국으로 넘어가면서 뜬금없이 '러브'가 돼 버렸고, 수많은 사람으로 하여금 테니스 점수판을 보며 로맨틱한 상상을 하게 만든 것이다.

점수를 1, 2, 3… 이렇게 차례로 올리지 않고 15, 30, 40… 이런 식으로 올리는 것도 프랑스 문화에서 유래한다. 프랑스에서는 내기 죄드폼을 할 때 1점당 15펜스짜리 동전을 하나씩 걸었는데, 1점을 내주면 "15펜스가 날아갔다."고 하고 2점을 내주면 "30펜스 잃었네." 하며 중얼거리던 데서 괴상한 점수 체계가 비롯되었다는 것이다. 그런데 또 3점은 45가 아닌 40이다. 원래는 45라고 부르다 언젠가부터 40으로 바뀐 것인데, 정확한 이유는 알 수 없다.

이렇게 고향 프랑스의 흔적들이 곳곳에 남아 있는데도 영국이 테니스의 종주국을 자처하는 것을 보면서도 문화적 자존심이 강한 프랑스가 이를 순순히 받아들이고 여느 나라 못지않은 열기를 만드는 것은, 어떻게 보면 이상한 일이다. 어쩌면 그것은 윙필드가 론 테니스를 영국 런던에서 특허 출원할 당시 프랑스에는 죄드폼에 관심을 가지는 사람이 거의 없었다는 점과 연관이 있을지도 모른다. 비유하자면 윙필드는 프랑스에서 죄드폼을 훔치거나 베낀 것이 아니라, 길에 버려져 있던 것을 주워다가 재활용한 것에 가깝다고 할 수 있으니 말이다.

그렇다면 19세기 프랑스인은 왜 죄드폼에 무관심했던 것일까? 바로 대혁명 때문이다. 프랑스 대혁명 이전에 죄드폼은 전적으로 귀족들의 놀이였고, 서민들에게는 생소한 문화였다. 그것은 죄드폼 외의 어떤 용도로도 활용할 수 없는 거대하고도 텅 빈 비효율적인 공간에서만 이루어지는 놀이였기에, 손바닥만 한 집 한 칸도 알뜰하게 나누어 써야 하는 가난한 이들로서는 흉내조차 낼 수 없었던 것이다. 아무 데나 막대기나 술병 몇 개 늘어놓고 공을 굴려 쓰러뜨리는 나인핀스와는 완전히 경우가 달랐다. 혁명이 일어나 대부분의 왕족과 귀족이 처형되거나 쫓겨나거나 숨으면서 죄드폼 문화는 순간적으로 증발해 버렸다고 할 수 있다. 여유만만하게 죄드폼을 즐길 사람도 없었고, 죄드폼 경기장을 짓겠다고 나설 만한 사람도 없었다. 프랑스 고유의 문화라는 사실을 알고 있거나 관심을 가지는 사람이 거의 남지 않게 된 것이다.

처단과 단절의 방식으로 시민혁명을 완수한 프랑스와 달리 타협과 화해라는 길을 걸은 영국에는 귀족과 평민이 공감할 수 있는 문화적 영역이 있었다. 또한 공유할 수 있는 공간도 있었다. 런던 근교의 곳곳에 흔하게 펼쳐져 있던 단단한 잔디밭, 영국은 '잔디의 나라'다. 끝없이 펼쳐진 완만한 잔디 동산에 구멍을 뚫고 그 안으로 작은 공을 넣으며 산책하는 골프의 고향이기도 하다. 프랑스의 죄드폼이 영국에서 '잔디 테니스'로 변한 것처럼 독일의 볼링은 영국에 와서 '잔디 볼링'으로 변하기도 했다. 그런 역사적이고 자연적인 배경에 더해 윙필드가 실행한 규칙 간소화는 테니스 세계의 문을 서민들에게 활짝 열었고, '서민의 나라'로 탈바꿈한 프랑스로 역수출되기에 이른다.

1844년 윙필드가 론 테니스의 규칙을 확립했고, 3년 뒤인 1847년 세계 최초의 테니스 대회가 열려 그 규칙을 실험했다. 대회는 런던 교외의 윔블던에 마련된 센터 코트에서 열렸는데, 제1차 세계대전 때 네 번, 제2차 세계대전 때 여섯 번 중단된 것을 제외하면 해마다 6월부터 7월 사이 그곳에서 꼬박꼬박 세계 최고 권위의 테니스 대회가 열리고 있다. '전영 오픈 테니스 선수권 대회All-England Championship'라는 이름도 있지만, 사람들은 '윔블던 테니스 대회Wimbledon Championship'라고 부르는 것을 더 좋아한다.

테니스의 역사 그 자체라고 할 수 있는 윔블던 테니스 대회는 독특한 전통을 몇 가지 고수하고 있다. 영국 국왕이 반드시 대회를 참관한다는 점, 선수들에게 간식으로 딸기와 크림을 제공한다는 점, 모든 선수는 흰옷과 흰 운동화만 착용해야 한다는 점심지어 운동화 바닥도 흰색이어야 한다 등이다.

매년 윔블던 테니스 대회가 열리는 센터 코트.

'잔디밭에서 하는 테니스'라는 뜻으로 시작된 종목의 본거지인 만큼, 클레이 코트나 하드 코트 대회가 꾸준히 늘어나고 있는 추세임에도 유일하게 잔디 코트에서 열리는 그랜드 슬램 대회테니스에서 그랜드 슬램 대회는 프랑스 오픈 대회, 호주 오픈 대회, 윔블던 테니스 대회, 전미 오픈 대회를 가리킨다라는 특징도 있다.

조선의 야구왕이자 축구왕, 이영민

야구와 축구는 여러 가지 면에서 다르다. 야구는 주로 손을 쓰고 축구는 발을 쓴다. 축구 선수는 경기 내내 뛰어다니지만 야구 선수는 기껏해야 대여섯 번, 그리 길지 않은 거리를 전력 질주하는 정도다. 야구 경기는 수십 번 멈추어 섰다가 한 순간씩 질주하지만 축구 경기는 선수가 쓰러지거나 공이 경기장 밖으로 나가는 잠깐을 제외하면 계속 이어진다. 그래서 같은 운동선수라고 해도 야구 선수와 축구 선수는 여러 면에서 다르다. 체형도 다르고, 발달하는 근육의 부위나 형태도 다르며, 익혀야 하는 기술도 다르다. 그래서 야구와 축구를 겸업한다는 것은 상상하기 어려운 일이다.

하지만 초등학교 야구부와 축구부 감독들은 한 아이를 자기 쪽으로 끌어들이기 위해 경쟁하곤 한다. 야구든 축구든, 아니면 농구든 배구든 다른 어떤 종목이든 스포츠란 기본적으로 강한 근력과 순발력, 운동신경을 필요로 한다는 공통점을 가지고 있고, 그것은 어느 정도 타고나는 것이기 때문이다.

우리나라의 스포츠가 종목별로 충분히 발달하기 전인 1920년대 종목을 가리지 않고 '조선 최고의 선수'로 군림한 불멸의 스타가 있었다. 바로 이영민이다.

1905년 경상북도에서 태어나 대구 계성고등보통학교에 다닌 이영민은 축구 실력이 서울까지 소문나 경성 배재고등보통학교로 스카웃되었고, 동시에 국가 대표 팀의 시초라고 할 수 있는 '전 조선 대표'에 선발되어 일본과 중국을 돌며 순회 경기에 참가했다.

하지만 연희전문학교에 진학한 뒤에는 야구에 좀 더 관심을 기울였는데, 특히 1923년 6월 8일 경성운동장^{나중에 동대문운동장이 되었다가} ^{동대문디자인플라자가 된다}에서 열린 연희전문학교와 경성의학전문학교의 시합에서는 우리나라 야구 역사상 최초로 기록되는 홈런을 날린다. 그는 그렇게 조선 최고의 야구 선수라는 명성을 얻었고, 미국의 전설적인 홈런왕 베이브 루스^{Babe Ruth}가 메이저리그 선발팀을 이끌고 일본을 방문해 친선 경기를 가질 때 일본 대표 팀에 선발되어 외야수로 출전하기도 했다.

광복 이후에는 조선야구협회 초대 이사장을 지냈는데, 1948년 제14회 런던 올림픽에 한국 축구 대표 팀이 출전하자 올림픽 축구 국가 대표 팀 감독을 맡아서 8강에 진출시키는 기적을 이끌기도 했다. 야구와 축구에서 모두 국가 대표를 지낸 데다가 야구 협회의 수장과 축구 국가 대표 팀의 감독을 두루 맡은 역사상 유일무이한 인물이 바로 이영민이다.

공놀이와
미국

시민혁명 이후 대부분의 사람은 그 이전과 완전히 다른 방식으로 살아가게 됐다. 프랑스, 오스트리아, 네덜란드 같은 나라들의 경우 이름은 전과 같았지만 그 안에서 살아가는 사람들의 생각과 사람들 사이의 관계, 나라를 운영하고 움직이는 방식은 완전히 달라졌다. 군주와 귀족의 뜻대로 움직이던 나라에서 모든 국민이 주인이 되는 나라로 바뀐 것이다. 하지만 당시 미국은 '달라졌다'는 표현으로 설명할 수 없었다. 애초에 미국은 근대가 시작될 즈음에 태어난 나라이며, 그 나름의 독자적인 과거와 역사, 전통이라는 것을 가지지 못한 나라이기 때문이다.

1620년 9월 16일 돛단배 메이플라워호가 잉글랜드 남서쪽 끝의 플리머스 항구를 출발해 12월 21일 오늘날의 매사추세츠 주 부근에 도착한다. '필그림 파더스Pilgrim Fathers, '순례자 아버지'라는 뜻'라고도 불리는 102명의 청교도가 그 배에 타고 있었는데, 이들이 미국이라는 나라의 시조가 된다. 물론 그 이전에도 수천 만 명에 달하는 원주민이 문명을 이루며 살아가고 있었지만 그들의 역사는 미국 역사로 다뤄지지 않는다. 오히려 원주민은 미국으로 인해 터전에서 몰려나고 갇히고 배제된 채 장애물 취급을 받았다. 그들은 미국이라는 역사의 화려한 불빛 아래 드리워진 짙은 그늘이며 슬픈 과거다.

메이플라워호가 상륙하기 전에도 1600년대 초반 오늘날의 버지니아 부근에 도착해서 삶의 터전을 일구기 시작한 영국인들이 있었다. 하지만 미국은 '종교의 자유와 새로운 기회를 얻기 위한 용감한 개척'이라는 건국 신화를 위해 메이플라워호의 상륙을 미국 역사의 출발점으로 인정하고 있다. 어쨌거나 17세기 초반부터 잉글랜드 출신 이민자들이 이

주해 터를 잡았고, 그 뒤를 이어 유럽 여러 나라에서 이민자들이 들어오면서 미국이라는 나라를 이루었다. 초기에는 교황청의 압박을 피해 이주해 온 신교도가 많았지만, 나중에는 전쟁의 위험에서 벗어나 좀 더 나은 경제적인 기회를 찾기 위해 바다를 건넌 사람이 대부분이었다. 아메리카 대륙에는 무한정에 가까운 넓은 땅이 있었고, 엄청난 소작료를 뜯어내는 지주도 없었다.

특히 19세기 중반의 아일랜드 감자 기근은 미국의 인구가 급증하는 계기가 됐다. 당시 아일랜드인은 추수철만 되면 바다를 건너와 밀밭을 쓸어 가는 잉글랜드 침략자들을 피해 흙 속에 숨길 수 있는 감자를 심어 연명했는데, 그 무렵 끔찍한 감자 기근을 만나 그나마 있던 식량을 모두 잃었다. 그 10여 년 사이에 아일랜드에서는 전체 인구의 10퍼센트 이상이 굶어 죽었고, 10퍼센트 이상의 사람이 오직 먹을 것을 찾아 죽음을 무릅쓰고 대서양을 건너 미국으로 향했다.

17세기부터 19세기에는 유럽의 여러 나라에서 미국으로 이민자들이 모여들었고, 이들이 힘을 합쳐 영국과 싸워 독립을 얻었다. 그리고 대륙 곳곳에 이권을 가지고 있던 스페인 같은 유럽 제국과 캐나다, 멕시코 같은 이웃 나라들에 맞서 공동의 이익을 지켜 내며 한 나라의 국민으로서 정체성을 갖기 시작했다. 공동 운명체를 이룬 그들에게 혈통이나 역사나 전통 같은 요소들은 중요한 것이 아니었다. 대신 시민으로서의 자유와 평등한 개성에서 비롯되는 연대와 타협과 소통만이 그들의 이념이고, 윤리였다. 복잡한 이론과 사상의 토대 위에 세워진 유럽의 근대 사회와 달리 미국은 주어진 현실에서 자연스럽게 형성된 민주주의 사회인 셈이다.

문화도 마찬가지였다. 초창기 미국인은 대서양 저편의 고향에서 각자 배우고 누려 온 관습과 가치관에 익숙했지만, 얼마 지나지 않아 그 모든 것이 상대적이라는 것을 누가 가르쳐 주지 않아도 스스로 깨달았다. 그 땅에서는 모두가 손님이었고, 모든 문화적 차이는 서로 존중하고 이해하며 익히고 받아들여야 하는 과제였다. 오늘날 미국이 세계 스포츠계에서 가지는 위상과 비중은 그 나라의 정치적, 경제적 힘에 의한 것이지만, 비교적 짧은 시간 동안 서로 어울려 살기 위해 다양한 전통을 융합했던 과정 역시 현대 스포츠의 탄생과 발전 과정에 중요한 역할을 한 것은 분명하다.

오늘날 미국에서 가장 큰 인기를 누리는 스포츠는 야구, 농구, 미식축구다. 이 세 가지 종목은 모두 유럽의 전통을 융합해 새롭게 만든 것인데, 오늘날에는 거꾸로 유럽을 포함한 전 세계에 역수출하고 있다.

유럽의 공놀이들, 야구로 재탄생하다

미국의 야구인들에게 '명예의 전당'에 오르는 일만큼 큰 영예는 없다. 은퇴 후 5년이 지난 메이저리그 선수들은 미국야구기자협회의 명예의 전당에 이름을 올리는 헌액자獻額者 후보가 되는데, 투표에서 75퍼센트 이상 득표해야 명예의 전당에 오르며, 5퍼센트 이하를 득표한 후보는 탈락한다. 75퍼센트에는 미달됐더라도 5퍼센트 이상을 득표한 후보는 다음 해에 다시 후보로 오르며, 그렇게 10년간 기회를 얻는다. 그런 방식으로

1936년 타이 콥Ty Cobb, 베이브 루스, 호너스 와그너Honus Wagner, 크리스티 매슈슨Christy Mathewson, 월터 존슨Walter Johnson 등 메이저리그 초창기 최고의 인기 선수 5명을 시작으로 80여 년간 300명이 조금 넘는 선수, 지도자, 심판, 기자 등이 명예의 전당에 이름을 올렸다. 프로 야구가 시작된 것만 따져도 140년이 넘는 미국 야구의 역사에 비추어 보면 그것이 얼마나 어려운 일이고 또 대단한 일인지 알 수 있다. 명예의 전당에는 헌액자의 이름과 별명, 활동 기간 등이 적힌 동판과 헌액자에 관한 기록물이 전시되어 있다. 그래서 미국뿐 아니라 세계 어느 곳에 사는 사람이든 야구팬이라면 반드시 한 번쯤 가고 싶어 하는 곳이 바로 명예의 전당이다.

명예의 전당은 뉴욕 주 내륙에 있는 작은 시골 마을인 쿠퍼스타운에 있는데, 그곳은 대도시도 아닐 뿐더러 프로 야구 경기를 하는 야구장도 없다. 140년 역사를 가진, 해마다 100억 달러 이상을 운영비로 쓰는 미국 프로 야구의 규모와 위상에 비추어 봐도 뜬금없는 입지가 아닐 수 없다. 오직 야구의 성지를 순례하는 마음으로 그 구석진 곳까지 찾아가는 사람이 해마다 35만 명이 넘는다고 하지만, 불편함을 호소하는 목소리도 적지 않다.

그런 엉뚱한 곳에 야구 명예의 전당이 들어서게 된 데는 물론 이유가 있다. 1861년 남북전쟁 때 북군 장군으로 활약하며 승리를 이끈 전쟁 영웅 애브너 더블데이Abner Doubleday가 1839년 야구를 고안하고 1842년 최초의 경기를 연 곳이 바로 쿠퍼스타운이라는 것이다. 1907년 메이저리그 사무국이 야구의 역사를 정립하기 위해 설치한 위원회에서 그 사연을 찾아내고 공식적으로 인정하면서 애브너 더블데이는 야구의 창안자가 되었고, 쿠퍼스타운은 야구의 발상지가 되었다.

하지만 후대에 이를 검증하는 과정에서 문제가 발견됐다. 야구가 발명되었다는 그 시기에 더블데이는 육군 사관 생도였기 때문에 쿠퍼스타운에 머물지도 않았으며, 남아 있는 그의 일기장에도 야구에 관한 이야기는 단 한마디도 등장하지 않는다는 사실이 확인된 것이다. 이는 미국 야구의 역사에 전쟁 영웅의 이름을 극적으로 끼워 넣으려 한 메이저리그 사무국과, 대공황 직후의 불경기에 관광객을 유치해 지역 경제를 살리려 한 쿠퍼스타운 주민들이 벌인 사기극이었다. 인간은 자신에게 결핍된 것을 욕망한다고 한다. 미국 역사에서 가장 결핍된 것은 전통과 독자성이었을 것이고, '전쟁 영웅이 발명한 야구'라는 신화를 만든 것 역시 결핍을 채우기 위한 무의식적인 노력 중의 하나였을 것이다. 그렇다면 진정한 야구의 기원은 무엇일까.

구르는 공을 보면 걷어차고 싶은 것이 인간의 본능이라면, 날아오는 공을 뭔가 도구로 때리고 싶은 것 역시 본능이다. 그것은 본질적인 쾌감과 적당한 난이도가 결합되어 있을 뿐 아니라 손으로 던지는 것보다 훨씬 큰 운동 에너지를 실어서 물체를 멀리 날려 보내는 동작이기도 하다. 그래서 아주 오랜 옛날부터 여러 지역에서 무언가를 던지고 때리는 놀이들이 이루어져 왔다. 조사하고 탐구할수록 축구만큼이나 다양한 야구의 조상이 발견되는 이유다.

야구와 연관 있다고 주장되는 공놀이에 관한 가장 오래된 흔적은 이집트의 벽화에서 발견되었다. 기원전 1500년 무렵 만들어진 하트셉수트Hatshepsut 신전 벽화에는 누군가가 바친 공을 긴 막대기로 치려 하는 파

이집트 하트셉수트 신전 벽화.

라오 투트모시스 3세Tuthmosis III의 모습이 그려져 있다. 그리고 그 아래에는 두 손으로 공을 받아 든 이들의 모습도 등장한다. 물론 그림의 의도는 명료하지 않다. 얼핏 보면 투트모시스 3세에게 바쳐진 동그란 물건이 공이 아니라 어떤 보물을 상징하는 것처럼 보이기도 하고, 두 사람 사이에 어떤 거래가 이루어지는 것처럼 보이기도 한다. 하지만 그 곁에 적힌 상형 문자를 해독하면 의미가 분명해진다.

"왕이 쳐낸 공, 신의 종들이 잡다."

그 행위에 '세케르-헤마트seker-hemat'라는 이름까지 붙인 것을 보면, 그것이 단 한 번 일어난 사건이 아니라 여러 차례 반복해서 이루어진 어떤 일이라는 것도 알 수 있다. '세케르-헤마트'가 무슨 뜻인지, 정말 그것이 경기나 놀이에 가까운 것이었는지, 아니면 종교 의식의 한 부분일 뿐이었는지는 여전히 알 수 없지만 말이다.

루마니아 사람들은 15세기부터 '오이나oina'라는 경기를 했다. 투수가 던진 공을 포수가 받기 전에 방망이로 후려친 뒤 9개의 지점을 밟고 돌아와야 한다는 점에서 야구와 비슷한 점이 많다. 비슷한 시기에 핀란드에서는 '페세팔로pesäpallo', 러시아에서는 '라프타nanтá'가 성행했다. 모두 방망이로 공을 치는 놀이다.라프타는 방망이로 공을 친다는 점 외에는 피구와 닮은 구석이 더 많다. 선 밖의 공격자들이 방망이로 공을 쳐서 선 안의 상대팀 선수들을 맞혀 아웃시키는 방식이기 때문이다. 그리고 그보다

도 100여 년 앞선 1301년 프랑스와 벨기에와 네덜란드의 접경지인 플랑드르 지방에서 발행된 《기스텔레스 시간 달력Ghistelles Calendar》이라는 문헌에는 한 사람이 던진 공을 다른 사람이 방망이로 때리고 맞은편에 선 여러 사람이 받아 내는 모습을 담은 그림이 실려 있다. 아메리카 원주민도 '채하 만 그룩'이라는 공놀이 문화를 가지고 있다. 언제 시작했는지는 알수 없지만 유럽인이 아메리카 대륙을 발견하기 전부터인 것은 분명해 보인다. 그 놀이는 방망이로 공을 친 뒤 삼각형으로 배치된 베이스를 밟고 돌아와야 한다는 점에서 오늘날의 야구와 매우 비슷하다고 할 수 있다.

이건 그나마 미국과 접점이 있는 유럽과 아메리카 대륙의 이야기다. 범위를 넓히면 무수히 많은 '야구의 조상'이 튀어나온다. 예컨대 리비아와 에티오피아 등 북아프리카 지역에 흩어져서 살고 있는 베르베르족과 투아레그족은 유목민이기 때문에 별다른 기록은 가지고 있지 않지만 지금도 '타 쿠르트 옴 엘 마하그순례자 어머니의 공'이라는 뜻라는 공놀이를 대대로 물려받아 즐기고 있다. 가죽으로 만든 공을 방망이로 때리고 가죽으로 만든 글러브로 받아 낸다는 점, 경기를 9회까지 진행한다는 점에서 야구와 닮은 점이 많다. 그 밖에 오랫동안 유럽과 긴밀하게 교류하지 않은 페르시아와 인도에서도 그와 비슷한 공치기 놀이에 관한 기록들이 발견된다.

그런 점에서 그레이트브리튼 섬에서도 일찍부터 공을 던지고 치고 달리는 방식의 놀이들이 성행했다는 것은 전혀 이상하지 않다. 1450년 무렵 잉글랜드 지방에는 '스툴볼stoolball'이라는 공놀이가 크게 유행해 셰익스피어의 작품에도 언급될 정도였는데, 지렛대를 밟아 나무토막을 튀

어 오르게 한 다음 막대기로 치고 곳곳에 세워 둔 의자들을 밖으로 돌아서 오는 경기였다. 우리나라 민속놀이인 자치기와 유사한 방식으로, 오늘날 안전하게 야구의 규칙을 익히도록 하기 위해 어린이에게 보급하는 약식 야구 '티볼teeball'과도 비슷하다. 이후 스툴볼의 나무토막은 공으로 대체되었고, 16세기 무렵에는 '크리켓cricket'이라는 변종이 만들어지는 데도 영향을 미쳤으며, 18세기 후반에 이르면 조금 더 세련된 '라운더스rounders', '타운볼townball' 등의 공놀이로 진화한다.

한번 상상해 보자. 미국으로 건너온 잉글랜드 출신 이민자들은 마을 공터에 모여 고향에서 즐기던 공놀이를 하며 놀았을 것이고, 그것을 지켜보던 폴란드, 루마니아, 러시아 출신 이민자들 역시 하나둘 가세했을 것이다. 어차피 이런 종류의 공놀이는 여러 명의 참가자를 필요로 하니, 관심이 있고 공 다룰 줄 아는 사람이면 대개 환영받았을 것이다. 하지만 경기를 진행하다 보면 라운더스, 타운볼, 오이나, 페세팔로, 라프타 규칙들이 충돌해 혼선을 빚었을 것이고, 이를 극복하기 위해 규칙을 변형하면서 새로운 규칙을 즉석에서 만들어야 했을 것이다. 그것은 굉장히 다양하게 발전해 온 수많은 유럽산 공놀이가 서로 스며들어 뭉치는 과정이었고, 관습화되며 시들어 가던 민속놀이에 새로운 생명력을 불어넣는 과정이었을 것이다. 너무 익숙하고 단순하기에 식상해지던 놀이들이 새로워지고 복잡해지면서 신선한 호기심을 자극했을 것이다. 17세기 초반 이민자들의 유입과 거의 동시에 시작되었을 그 과정은 무려 200여 년 동안 이어졌다. 그 복잡하고도 흥미로운 집대성 과정에 마침표를 찍은 이가 있으니, 바로 알렉산더 카트라이트Alexander Cartwright다.

다양한 지역의 공놀이 규칙을 집대성해 야구의 규칙을 만든
알렉산더 카트라이트.

뉴욕 맨해튼에서 소방관으로 일하던 그는 타운볼을 즐겼는데, 대도시인 만큼 다양한 지역 출신의 이민자들과 어울렸기에 규칙을 변형하거나 새로 만들어 내는 일에 익숙했다. 1845년 당시 20대 중반의 청년이던 그는 함께 공놀이하던 이들과 더 재미있게 놀기 위해 통합 규칙을 만들었다. 통합 규칙의 핵심은 경기장을 다이아몬드 형태로 구성하고 1루, 2루, 3루, 홈, 이렇게 네 개의 베이스를 두는 것이었다. 그는 자신이 일하던 소방서의 이름을 따 '뉴욕 니커보커스New York Knickerbockers'라는 최초의 야구팀을 만들었고, 이듬해인 1846년 6월 19일에는 비슷한 시기에 만들어진 또 다른 야구팀 '뉴욕 나인New York Nine'과 최초의 야구 경기를 했다. 카트라이트는 그 야구의 역사를 연 개막전에서 심판 역할을 맡았는데, 아이러니하게도 그가 조직한 최초의 구단 니커보커스는 4이닝까지 진행한 그 경기에서 무려 23 대 1로 대패하는 망신을 당하고 만다.

어쨌든 그렇게 태어난 야구는 미국인의 마음속으로 빠르게 퍼져 나가기 시작했다. 다양한 것을 융합하고 변형해 만든 새로운 놀이라는 점도 미국인이 매력을 느낀 이유 중 하나였다. 자칫 정서적인 동질성을 잃고 모래알처럼 흩어질 수도 있었던 미국인들은 야구라는 놀이 문화를 통해 공감대를 형성했다.

미국에서 야구가 비약적으로 성장한 것은 제1차 세계대전이 끝난 직후인 1920년대다. 그 시기는 바다 건너 유럽에서 벌어진 전쟁으로 공업 생산력이 비약적으로 성장해 대량 생산, 대량 소비가 이루어져 물자가 풍족하던 때였고, 미국이 세계의 패권을 장악하기 시작한 시점이었으며, 미국인들이 포디즘적 시스템컨베이어벨트 작업 시스템으로 생산한 포드 자동차를 타고 여가를 즐기던 시절이었다. 늘 개척과 생산에만 열중하던 미국인들이 드디어 '여가'라는 시간을 발견한 바로 그때, 야구장이 극장과 더불어 미국인의 대표적인 여가 시설로 자리매김했다.

1920년부터 비약적으로 늘어난 홈런은 관중을 열광하게 했다. 열혈 야구광 중에는 서로 점수를 주지 않고 팽팽한 긴장감을 느끼게 하는 투수전을 좋아하는 팬들도 있지만, 대부분의 팬은 홈런이 뻥뻥 터지는 경기를 선호한다. 그런데 1910년대까지는 공 자체의 반발력이 적어서 홈런이 거의 나오지 않았다. 그 시대를 '데드볼^{dead ball} 시대'라고 부른다. 몇 해 전 미국에서 야구박물관에 보관하고 있던 그 시절의 공으로 실험을 해 보았더니 비거리^{공이 날아간 거리}가 오늘날 만든 공의 60퍼센트 정도밖에 안 되었다고 한다. 지금이면 홈런이 될 만한 타구도 당시에는 간신히 내야수의 키를 넘길 정도밖에 안 됐을 것이라는 이야기다. 지금이라면 장외 홈런이 될 만큼 무시무시한 장타를 날려 봐야 당시에는 간신히 관중석으로 넘어갈까 말까 했을 것이다.

하지만 1920년부터 공의 재질과 야구의 규칙이 타자에게 유리하게 바뀌면서 경기마다 홈런이 뻥뻥 터지기 시작한다. 바로 그 시대에 데드볼을 가지고도 심심치 않게 홈런 구경을 시켜 줄 만큼 대단한 힘과 재능을 가지고 있던 대타자가 등장하면서 오늘날의 야구가 탄생한다. 그 대타자가 바로 베이브 루스다. 데드볼 시대인 1919년에도 29개의 홈런을 날릴 정도로 대단한 능력을 보여 준 그는 1920년부터 해마다 50개가 넘는 홈런을 때리면서 관중을 야구장으로 불러 모았다. 베이브 루스의 홈런 수는 홈런 2위 타자의 홈런 수보다 두세 배나 많을 때도 있었고, 심지어 웬

데드볼 시대 경기장. 경기장과 관중석 사이에 담장이 없다.

만한 팀 전체의 홈런 수보다도 많았다.

제2차 세계대전 중 유럽 전선의 참호 안에서 독일군과 대치하던 미군은 종종 "히틀러에게 죽음을."이라고 외치며 적을 도발하곤 했는데, 그러면 독일군은 "베이브 루스에게 죽음을."이라고 맞받아쳤다는 이야기가 있다. 히틀러 같은 권위적인 통치자가 존재하지 않던 미국의 대표 격 인물을 찾기 애매했던 독일군 입장에서는, 히틀러보다 자주 미국 방송에 이름이 등장하던 베이브 루스가 미국인의 왕쯤 된다고 생각했는지도 모른다. 그 시대에 베이브 루스의 이름이 얼마나 자주 사람들의 입과 귀에 머물렀는지 알 수 있다. 좋아하건 싫어하건 미국의 전 국민이 관심을 가지는 인물로서 베이브 루스라는 야구 선수가 탄생했고, 그렇게 탄생한 베

전설적인 야구 선수 베이브 루스.

이브 루스와 더불어 야구는 미국 대중문화의 상징이자 한 축으로서 자리를 잡았다.

그 뒤 야구는 영국을 대신해 세계 최강대국의 지위를 차지한 미국의 국력을 업고 전 세계로 빠르게 퍼져 나갔다. 1890년대 무렵에는 캐나다, 멕시코, 쿠바 같은 이웃 나라를 비롯해 태평양 건너 일본까지 야구가 보급되었고, 1930년대에는 국제 대회가 열리기 시작했다. 오늘날 119개국이 가입한 국제야구연맹IBAF, International Baseball Federation이 1938년 창립된 것으로 미루어 보아 대략 1890년대부터 1930년대 사이에 야구가 미국이라는 테두리를 넘어 국제적인 스포츠로 발전했다고 볼 수 있다.

YMCA에서 발명한 농구, 배구, 피구

20세기 이후 스포츠의 역사에서 흔히 언급되지는 않지만 실제로 가장 중요한 역할을 한 단체가 바로 YMCA다. 세계적인 차원에서도 그렇지만, 한국이라는 나라로 좁혀서 볼 때도 그렇다. YMCA가 오늘날의 세계와 우리에게 미친 영향에 대해 한번 살펴보자.

YMCA는 'Young Men's Christian Association'의 약자다. 우리말로 옮기면 '기독청년회' 정도가 된다. 1844년 영국 런던에서 점원으로 일하던 조지 윌리엄스George Williams와 열두 명의 청년이 산업혁명 직후 사회적 혼란을 겪으며 방황하던 젊은이들의 정신 상태를 기독교 정신으로 개선하자는 뜻에서 만들었다. 하지만 그들의 설립 이념은 영국과 유럽보다 대서양 건너편의 미국 땅에서 더 큰 호응을 얻었다. 영국과 유럽의 젊은이들은 민족주의와 군국주의의 격동을 겪으며 종교적인 계몽 운동보다 정치투쟁에 더 많이 심취해 있었기 때문이다. 하지만 미국에는 건국의 씨앗이 된 청교도 정신에 익숙한 젊은이가 훨씬 많았고 대공황도 유럽에 비해 순조롭게 극복했기에 정치적으로나 경제적으로나 훨씬 안정적이었다. 윌리엄스의 호소에 귀를 기울이는 이들이 더 많을 수밖에 없는 여건이었던 것이다.

1851년 미국 보스턴 지부가 설립되면서 YMCA는 중흥기를 맞았고, 1855년에는 프랑스 파리에서 세계YMCA연맹이 결성된다. 그 직후 두 번의 세계대전을 겪으면서 많은 사회단체가 소리 없이 사라져 갔지만, YMCA는 포로들의 처우를 개선하고 난민들을 구호하는 사업을 벌이며 세계적인 사회단체로 널리 알려졌다.

YMCA가 이전까지의 기독교 계열 종교 단체나 선교 단체들과 다른 점은 종교를 활동의 맨 앞에 놓지 않았다는 것이다. YMCA는, 신자 수를 늘리는 선교에만 주력할 뿐 유럽 열강들이 벌이는 비인간적인 수탈이나 정부의 부조리는 외면하여 식민지 기구와 한통속으로 취급받고 '원주민들에게 성경을 쥐어 주고 땅을 빼앗았다'는 비판을 받았던 근대 초기의 선교 단체들과 달랐다. 그들은 세계 곳곳의 젊은이들이 정신적으로나 신체적으로나 건강하고 건전한 상태에 이르도록 하는 데 초점을 두었고, 그러다 보니 때로는 열강의 식민지 정책이나 사회 부조리에 대해서도 문제를 제기했다. 그런 노력을 통해 자연스럽게 하나님의 뜻에 가까이 갈 수 있다고 믿었다. 그것이 YMCA에 헌신한 선교사와 교육자들이 체육을 포함한 교육 진흥 사업에 많은 힘을 쏟은 이유다.

1891년 캐나다 출신으로 맥길 대학교와 스프링필드 대학교에서 신학과 체육학을 강의하는 동시에 YMCA 미국 매사추세츠 지부에서 체육교사로 활동하던 제임스 네이스미스James Naismith는 겨울 활동 때문에 고민이 많았다. 학생들이 봄부터 가을까지는 축구와 미식축구를 비롯한 다양한 체육 활동을 하며 신체를 단련하고 협동심을 배우며 교제할 수 있지만, 추운 겨울에는 할 수 있는 것이 별로 없었기 때문이다. 그래서 그는 실내에서 즐길 수 있는 체육 활동을 고안해 냈다. 복숭아 바구니를 양쪽 벽 위에 걸어 놓고 축구공을 그 안에 집어넣는 게임을 만든 것이다. '바구니에 공을 넣는 것'이 핵심이었으므로 이름은 '바구니 공', 즉 'basketball'로 지었다. 이 놀이는 바구니에서 공을 다시 빼서 경기를 진행해야 하는 불편함을 덜기 위해 바구니 밑에 구멍을 뚫는 것으로 변화했고, 다시 바구니를 그물망으로 바꾸는 혁신을 이어 갔다. 또한 일정한 난이도를 부여하고 공격과 수비의 균형을 맞추기 위해 세 걸음마다 한 번 이상 공을 바닥에 튕기도록 하는 등 규칙을 추가하면서 오늘날의 모습으로 완성되어 갔다.

농구를 발명한 제임스 네이스미스.　　　　최초의 농구장.

　　배구와 피구가 탄생한 과정도 비슷하다. 1895년 역시 YMCA 매사추세츠 지부의 체육부장으로 있던 윌리엄 모건^{William Morgan}은 동료 교사인 네이스미스가 만든 농구에 대해 못마땅하게 생각하는 점이 있었다. 부상자들이 제법 나온다는 점이다. 그래서 그는 선수들끼리 직접적인 신체 접촉이 일어나지 않게끔 양 팀 선수들의 활동 영역을 분리하는 겨울 스포츠 종목을 만들어 냈는데, 그것이 바로 배구^{volleyball}와 피구^{dodgeball}다.

　　배구를 만들 때 참고한 것은 테니스였다. 그런데 일정한 공간 안에서 여러 사람이 동시에 즐길 수 있는 방식으로 개량하다 보니 네트의 높이가 높아졌고, 공의 크기도 커졌다. 부상의 가능성을 줄이고 누구나 어디에서든 쉽게 즐길 수 있게끔 하다 보니 자연스럽게 라켓 대신 손으로

배구와 피구를 만든 윌리엄 모건.

공을 다루게 되었다. 처음에는 5인제로 고안된 종목이었지만 나중에는 6인제와 9인제로 발전했고, 엘리트 스포츠 elite sports. 소수의 엘리트 선수들만 집중적으로 훈련시켜 국제 대회 등에서 메달을 획득하게 하는 스포츠 로는 6인제가, 사회 체육 일반인을 대상으로 하는 공공 체육 으로는 9인제가 성행하게 되었다.

피구 역시 비슷한 시점에 만들어졌다. 박스 안과 밖의 선수들이 협력해서 상대 팀 선수의 몸을 공으로 맞히는 피구는 오늘날 엘리트 스포츠보다는 생활 체육으로 널리 전파되어 있다. '관전'한 이들보다 '체험'한 이들이 훨씬 많을 거의 유일한 구기 종목일 것이다. 그런데 피구는 공으로 상대 선수의 몸을 맞히는 운동이므로 승부욕이 과열되면 부상이나 갈등으로 이어질 우려가 있다. 그래서 고도로 전문화하는 과정을 의도적으로 늦추었는지도 모른다. 그 규칙을 만들어 낸 윌리엄 모건 자신도 '다 함께 즐길 수 있는, 부상 위험이 적은 종목'을 만들어 낸다는 의도에 어긋나는 결과물이 나왔다고 생각했을 것이다.

이렇게 YMCA 지도자들에 의해 창안된 운동들은 순식간에 세계로 퍼져 나갔다. YMCA에서 교육을 받은 이들 중 많은 사람이 교육자로 성장했고 전 세계로 나아가 많은 젊은이를 만나는 것을 사명으로 여겼기 때문이다. 1903년 국운이 기울어 가던 아시아 한쪽 구석 조선이라는 나라에 황성기독교청년회^{서울 YMCA}라는 단체가 만들어진 것 역시 그런 움직임 가운데 하나였다. 조선의 젊은이들과 만나기 위해 황성기독교청년회 간사를 맡아 1903년 조선에 들어온 사람은 질레트^{Philip L. Gilet} 선교사다. 그는 조선에 들어온 뒤 '길예태^{吉禮泰}'라는 조선식 이름을 지어 사용하기도 했다. 그가 처음 우리 땅에 소개한 서양식 스포츠 종목이 바로 야구, 농구, 스케이트, 복싱이다. 그런 의미에서 한국에서 YMCA의 역사는 곧 근대 스포츠의 역사라고도 할 수 있다.

한국 야구의 역사

한국 야구 역사의 시작은 1904년으로 알려져 있다. 질레트 선교사가 조선의 청년들을 모아 황성기독교청년회 야구단을 만든 해다. 하지만 1950~1960년대 야구 문화가 가장 왕성했던 구도球都. 야구를 좋아하는 사람이 많은 도시 인천에서 그러한 역사 서술에 대한 이의를 제기한 적이 있다. 한반도에 처음 야구가 등장한 해를 따지면 조금 더 거슬러 올라간다는 것이다. 인천영어야학교인천고등학교의 전신에 다니던 일본인 학생 후지야마 후지사와藤山藤芳의 1899년 2월 3일자 일기에서 '4시쯤부터 일연종 앞 광장에서 여러 선생님과 베이스볼이라는 서양 공치기를 하고 목욕탕에 갔다.'는 내용이 발견된 것을 근거로 들었다.

　　그런데 또 그에 앞서 몇 해 전 야구 경기를 벌인 기록이 발견되면서 새로운 주장이 나왔다. 〈독립신문〉의 영문판인 〈인디펜던트The Independent〉 1896년 4월 26일자에서 "4월 25일 오후 2시 30분, 서대문 밖 모화관 근처의 공터에서 서울에 거주하는 미국인들과 미국 해병대원들이 야구 경기를 벌여, 해병대 팀이 2점 차로 승리했다."라는 기사가 발견된 것이다. 특히 서울 거주 미국인 중에 필립 제이슨Philip Jaisohn이라는 선수가 그날 6번 타자 겸 중견수로 출전했는데, 그는 바로 미국 시민권자였던 〈독립신문〉의 발행인 서재필 박사였다. 이는 지금까지 발견된 기록 중 한반도에서 열린 야구 경기에 관한 가장 빠른 시점의 것이다. 미국 시민권자고 단 한 명이지만 어쨌거나 우리나라 사람이 선수로 참가한 야구에 관한 기록이라는 점에서도 주목할 만하다.

하지만 1904년을 야구의 시작으로 보는 주장 역시 정설의 자리를 유지할 만한 이유를 가지고 있다. 1896년 서재필 박사가 '야구를 즐긴 최초의 한국인'이라는 점은 인정하더라도, 서재필 박사 한 명이 미국인들 틈에 끼어 야구 한 경기 치른 것을 놓고 '한국인에게 야구가 전해진 최초의 사건'이라고 말하기는 어렵기 때문이다. 따라서 1904년 한국인들로 이루어진 야구팀이 처음 만들어진 날을, 오늘날 연간 관중 1000만 시대를 향해 성장하고 있는 우리나라 야구 문화의 시작으로 보는 것이 좀 더 타당하다고 생각하는 이들이 아직은 더 많다.

공놀이와
전쟁

오늘날 사람들이 쓰는 말 중에 '현피'라는 것이 있다. '현실'이라는 우리 말과 '플레이어 킬Player Kill'이라는 영어 단어를 결합해 축약시킨 것인데, 게임에서 시비 붙은 이용자들이 실제로 만나 싸우는 일을 가리킨다. 게임과 현실, 혹은 경기장의 안과 밖에서 벌어지는 갈등 사이에 명확한 선을 긋기 어렵다는 사실은 인터넷이 등장하기 전부터 이미 모두가 알고 있었다. 공간은 나눌 수 있지만 감정은 그럴 수 없기 때문이다. 공놀이 역시 마찬가지다.

대부분의 공놀이는 대결이다. 전쟁의 은유인 경우도 많다. 공격과 방어, 전략과 전술, 돌격과 지원, 투지와 냉철 등 공식적으로건 관행적으로건 이런 용어와 개념을 사용하지 않는 공놀이 종목은 없다. 어떤 공놀이들은 진짜 전쟁을 피하기 위해 벌이는 하나의 상징적인 의례로 발전하기도 했다. 폭력적으로 충돌하는 것을 완충하려는 노력에서 나온 것이다. 그래서 공놀이의 열정이 경기장 밖으로 폭발해 크고 작은 '현피'들로 이어진다고 해도, 반대로 폭발할 위기에 놓여 있던 사회의 갈등이 경기장 안에서 얌전히 봉인된다고 해도 그리 이상할 것은 없다.

1870년 프로이센의 노련한 재상 비스마르크Otto Eduard Leopold von Bismarck는 오랜 세월 분열되어 있던 독일을 통일하고 그 기세를 이어 유럽의 주도권까지 잡으려는 야심을 품고 치밀하게 준비했다. 그는 은밀하게 군사력을 키우는 한편 주변국들과 동맹을 맺고, 가장 큰 걸림돌인 프랑스를 점진적으로 고립시켜 나갔다. 세력 관계의 변화를 감지하지 못한 채 나폴레옹 시대의 영광에 도취돼 있던 프랑스는 결국 비스마르크의 덫에 걸려들었다. 에스파냐 국왕 계승 문제를 둘러싸고 프랑스와 프로이센의 관계가 악화되던 무렵 두 나라 사이에 이루어진 회담 내용을 비스마르크가 의도적으로 조작해 언론에 발표한 것을 보고 프랑스의 나폴레옹 3세가 선전 포고를 한 것이다. 비스마르크는 프랑스 대사가 회담에서 프로이센 국왕을 모욕했다는 식으로 내용을 조작했다.

프랑스는 흥분과 만용에 들떠 전쟁을 선언했지만 철저하게 준비한 쪽은 프로이센이었다. 이렇게 시작된 프로이센·프랑스 전쟁^{1870~1871년}에서 프랑스는 질질 끌려다니며 참패를 거듭했고, 최고 지도자 나폴레옹 3세는 시작한 지 불과 두 달여 만에 10만여 명의 정예 병력과 함께 프로이센에 포위당하는 수모를 겪었다. 프로이센은 풍부한 철광석 산지인 알자스와 로렌 지방을 빼앗았고, 전쟁의 책임을 물어 엄청난 액수의 배상금을 요구했다. 통일 과업을 완수하여 독일 제국의 황제로 등극한 빌헬름 1세가 대관식을 베를린이 아닌 파리의 베르사유 궁전에서 하며 프랑스 시민의 자존심을 짓밟은 것도 물론 계산된 행동이었다.

파리 시민은 승전국 프로이센과 무능한 지도자 나폴레옹 3세에 대한 복종을 거부하며 노동자와 사회주의자 중심으로 세계 최초의 사회주의 자치 정부인 코뮌^{commune}을 세워 2개월이나 맞서 싸웠다. 물론 시민군이 프랑스 정규군과 그 정규군마저 굴복시킨 프로이센의 정예 부대를 당해 낼 수는 없었다. 시민의 저항은 비참한 시가전과 학살극 끝에 무려 2만 명이 넘는 시민이 사망하며 진압되었고, 프랑스인에게는 끔찍한 열패감과 혼란과 좌절감을 남겼다. 패전과 코뮌의 붕괴는 프랑스 국민의 삶과 자존심과 희망을 한꺼번에 산산조각 낸 엄청난 비극이었다.

그 과정을 지켜보며 유년기를 보낸 프랑스인 중에 피에르 드 쿠베르

탱Pierre de Coubertin이 있었다. 그는 전쟁과 학살극이 벌어진 얼마 뒤 육군유

년학교로 보내져 예비 장교로 자랐다. 그는 나약한 조국을 연민하는 동

시에 독일에 대한 원한을 부채질하는 프랑스 교육에 반감을 가졌고, 결

국 군인의 길을 포기하고 육군유년학교를 자퇴한 뒤 미국과 영국으로

유학을 갔다. 그리고 그곳에서 성행하던 체육 교육을 보고 큰 영감을 얻

었다. 젊은 시절 럭비 선수로 활약했던 쿠베르탱의 경험과, 지식과 신체

의 균형을 추구하는 영미권의 교육 철학은 아주 잘 맞아떨어졌다. 쿠베

르탱은 전쟁에서 패배하고 내적으로도 분열한 조국 프랑스의 젊은이들

과 이웃 나라 젊은이들의 가슴속에 '경기장 안의 활기와 조화로움과 협

동심'을 심어 줘야 한다고 생각했다. 그런 생각 끝에 그가 제안하고 주도

해서 시작한 것이 바로 근대 올림픽이다.

　　올림픽 기간 동안 전쟁과 소송과 처형을 중지했던 고대 그리스에서

처럼, 쿠베르탱은 근대 올림픽 역시 갈등을 극복하고 승화시키는 통로

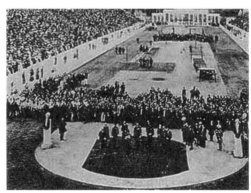

피에르 드 쿠베르탱.　　제1회 근대 올림픽 개막식.

1894년 피에르 드 쿠베르탱이 만든 올림픽 상징이다. 파란색(유럽), 노란색(아시아), 검정색(아프리카), 초록색(오세아니아), 빨간색(아메리카) 고리로 이루어져 있으며 바탕은 흰색이다. 이 5개의 고리는 세계인의 화합을 상징한다.

가 되기를 기대했다. 실제로 참가국은 올림픽 때마다 평화의 깃발을 높이 들었고, 우정과 화해를 강조했다. 물론 횟수가 더해지고 올림픽의 위상이 높아지면서 나라마다 더 많은 금메달을 따내 정권을 선전하거나 민족적 열기를 결집시켜 국민의 불만을 가라앉히는 데 이용하려 하기도 했다. 역사적으로 늘 충돌해 온 두 나라의 갈등이 경기장 안에서 일어난 사소한 해프닝 때문에 폭발해 험악한 상황이 연출되기도 했다. 하지만 그 역시 전쟁과는 비교할 수 없을 만큼 안전한 형태로 갈등을 해소하는 과정이었다.

올림픽은 수많은 국제 스포츠 대회의 모범이 되고 역할 모델이 되었다는 점에서도 의미가 크다. 오늘날 올림픽보다 더 많은 주목을 받게 된 월드컵을 비롯해 세계 선수권 대회들은 세계인의 평화와 우정, 아름다운 경쟁을 표방하고 있다. 물론 사고나 역효과가 없었던 것은 아니다. 아랍의 테러 조직 '검은 9월단'이 올림픽 선수단 숙소를 습격해 이스라엘 대표 선수들을 인질로 잡고 저항하다가 모두 살해한 1972년 뮌헨 올림픽의 참사라든가, 축구장 관중석에서 시작된 갈등이 결국 전쟁으로 비화된 1969년의 엘살바도르·온두라스 축구 전쟁처럼 말이다.

엘살바도르·온두라스 축구 전쟁

1970년 멕시코에서 열릴 제9회 월드컵의 13조 A지역 예선전에 나선 국가 중에 온두라스와 엘살바도르가 있었다. 멕시코의 남쪽 국경 바로 아래 위치해 북아메리카와 남아메리카를 잇는, 중앙아메리카의 조그마한 이웃 나라들이다. 두 나라 모두 그때까지 한 번도 월드컵 본선 무대를 밟아 보지 못한 축구의 변방이었지만 열기만큼은 어느 나라 못지않았다. 그리고 바로 그해, 둘 중 한 나라가 사상 최초로 월드컵 본선 진출의 기회를 잡는다.

두 나라는 서로의 나라를 한 번씩 오가며 경기를 치르는 홈 앤드 어웨이home and away 방식으로 본선 진출권의 주인을 가려야 했다. 그리고 첫 번째 경기는 1969년 6월 8일 온두라스의 수도 테구시갈파에서 열렸다. 어떻게든 자국 대표 팀이 승리하는 모습을 보고 싶었던 온두라스의 국민들은 경기 전날 엘살바도르의 선수단이 묵는 숙소 앞으로 몰려가 밤새 괴성을 지르고 물건을 부수며 소란을 피웠고, 그 난리 통에 잠을 이루지 못한 엘살바도르 선수들은 경기장에서 제 실력을 충분히 발휘하지 못했다. 경기 결과는 1 대 0, 온두라스의 승리였다. 온두라스 국민들은 환호했지만 엘살바도르에서 건너온 원정 응원단은 충격에 빠지고 말았다. 원정 1승을 챙겨 일찌감치 승기를 잡을 것이라는 기대가 무참히 꺾였기 때문이다. 이 일로 충격을 받은 18세 엘살바도르 여성 팬 한 명이 권총으로 자살하는 사건까지 벌어지고 만다.

좌절감을 이기지 못한 소녀의 안타까운 죽음을 기점으로 일은 점점 더 꼬이기 시작한다. 소녀의 죽음을 추모하던 엘살바도르 국민의 슬픔이 온두라스에 대한 해묵은 반감과 뒤섞여 복수심으로 바뀌어 간 것이다. 1주일 뒤 엘살바도르의 수도 산살바도르로 원정 경기를 하러 간 온두라스 선수들은 소란으로 잠을 설치는 정도가 아니라 살해 위협을 받고 벌벌 떨며 경기장에 섰고, 무려 세 골을 내주며 패배한다. 의기양양해진 엘살바도르 관중은 경기장을 빠져나가던 온두라스 원정 응원단을 공격했고, 곳곳에서 대규모 난투극이 벌어진다. 물론 수적으로 밀린 온두라스 응원단이 일방적으로 폭행을 당했다. 이로 인해 온두라스인 두 명이 목숨을 잃는 참변을 당한다. 온두라스 응원단은 엘살바도르 경찰에 의지하려 했지만 민족주의 열기에 휩싸인 엘살바도르 경찰과 정부는 온두라스인을 보호하지 않았다. 죽거나 다치고 약탈당한 온두라스인은 오히려 강제 추방을 당하는 신세가 되고 만다.

온두라스 국민들 역시 잠잠히 지나가지 않았다. 온두라스에는 30만 명에 이르는 엘살바도르인이 이주해 살고 있었는데, 대부분 온두라스 국민보다 부유했다. 어디든 자국민보다 부유한 이주민을 향한 시선은 따뜻하지 않다. 평소에도 반감과 편견을 가지고 있던 온두라스 국민들은 축구장에서 당한 억울함을 심리적인 명분으로 삼아 엘살바도르 출신 이민자들을 폭행하거나 그들이 경영하는 가게를 습격했고, 무질서를 이용해 정권에 대한 국민들의 불만을 가리려 한 온두라스 정부 역시 그런 만행을 단속하지 않았다. 온두라스 정부는 엉뚱하게도 사건 직후 엘살바도르 이주민에게 "한 달 이내에 온두라스 땅에서 나가라."라는 명령을 내리기까지 했는데, 일방적으로 폭행당한 온두라스의 원정 응원단에게 강제 추방을 명령한 엘살바도르 정부의 행동을 그대로 되갚아 준 것이었다.

1 대 0과 3 대 0. 지금이라면 골 득실차를 반영해서 엘살바도르의 승리를 선언했을 것이다. 하지만 당시에는 골 득실차를 인정하지 않았기에 3차전을 해야 했다. 국제축구연맹은 두 나라의 충돌을 막기 위해 3차전을 본선이 열릴 이웃 나라 멕시코에서 하도록 했다. 물론 그곳으로 온두라스와 엘살바도르의 원정 응원단이 몰려갔지만, 멕시코 당국이 관중보다 많은 경찰을 배치해 충돌을 막았다. 경기는 2 대 2 동점으로 팽팽하게 흘러갔다. 그러다 결국 연장전에서 엘살바도르가 극적인 결승골을 성공시키면서 사상 첫 월드컵 본선 진출의 영광을 안았고, 온두라스는 좌절을 맛봐야 했다.

하지만 월드컵 본선 진출권의 주인이 가려졌다고 해서 두 나라 사이의 감정의 골이 메워지는 것은 아니었다. 좌절감과 울분을 풀지 못한 온두라스 사람들은 툭하면 엘살바도르 이주민의 정착촌을 습격했고, 온두라스 정부는 국제 무대에서 끊임없이 엘살바도르를 비난했다. 물론 엘살바도르에는 온두라스에 사는 교민을 보호하기 위해서라도 온두라스를 응징해야 한다는 여론이 들끓었다. 그렇게 두 나라의 국민과 정부가 서로를 향해 공격을 퍼부었다. 중간에서 그들을 제어할 수 있는 것은 아무엇도 없었다. 그렇다면 결론은 단 하나, 전쟁이었다.

1969년 7월 10일 엘살바도르 공군이 온두라스 테구시갈파의 공군 기지를 선제공격해 전력 대부분을 파괴해 버렸고, 7월 14일에는 보병을 동원해 국경을 넘어 들어가 군사 시설과 정부 기관들을 무력화했다. 국토의 면적과 인구 규모는 온두라스보다 작았지만 경제력을 기반으로 월등한 군사력을 보유하고 있던 엘살바도르의 일방적인 승리였다.

전쟁 4일째 미국이 개입해 중재에 나섰다. 그리고 7월 29일 엘살바도르 군대가 모두 철수하면서 전쟁은 일단 끝이 났다. 하지만 그 4일간의 전쟁으로 1만 7000여 명의 사상자와 15만 명의 난민이 발생했다. 물론 사상자와 난민의 대부분은 온두라스의 죄 없는 농민이었다.

'100시간 전쟁'이라고도 불리는 이 전쟁은 심각한 상처가 남은 비극이다. 게다가 이 전쟁은 한 번으로 끝나지 않았다. 기습을 당해 패전한 것이라며 분을 삭이지 못하던 온두라스는 7년 뒤 기습 공격을 해 복수를 노린다. 그러나 결과는 같았다. 무기와 정보력의 차이를 절감하며 온두라스는 다시 한번 무릎을 꿇었다.

두 나라는 1980년 페루의 리마에서 평화협정을 맺고, 모든 군사적이고 정치적인 적대 행위를 마감하기로 약속한다. 10년에 걸친 군사적인 대치 상황이 마무리된 셈이다. 하지만 그렇다고 해서 두 나라 국민들의 마음속 응어리까지 풀어진 것은 아니었다.

2010년 남아프리카공화국 월드컵 북중미 지역 최종 예선에서 온두라스와 엘살바도르는 또다시 격돌했다. 이번에는 온두라스가 승리해 본선 진출권을 가져갔다. 그날은 2009년 10월 4일이었는데, 온두라스에서는 그날을 국경일로 정해야 한다는 여론이 일기도 했다. 무려 30년 전 축구장 안과 밖에서 응어리진 앙금이 세대를 대물림하는 동안에도 사라지지 않고 깊이 남아 있었던 것이다.

물론 그 전쟁의 유일한 원인이 축구였다고 할 수는 없다. 흔히 '숙적' 혹은 '경쟁자'라고 번역되는 영어 '라이벌rival'의 어원은 '강river'이다. 즉 라이벌이란 '같은 강물을 마시는 사람들' 혹은 '강 건너편의 사람들'이라는 뜻인데, 가까이 사는 이들이 치열한 경쟁 관계가 되기 쉽다는 뜻을 담고 있다. 엘살바도르와 온두라스 역시 국경을 마주한 나라고 같은 바다에서 살 길을 찾는, 전형적인 라이벌이다. 한국과 일본처럼 해묵은 감정과 사연을 쌓아 온 사이인 것이다. 특히 땅덩이가 작지만 부유한 엘살바도르는 온두라스 국민들에게 시기와 질투의 대상이 되어 왔다. 1969년의 100시간 전쟁은 뿌리 깊이 박힌 구조적인 문제들에서 비롯된 사건이었다.

하지만 그렇게 쌓인 장작에 불꽃을 당긴 것이 축구라는 것도 부정할 수 없다. 축구는 감성을 자극하는 매개며, 민족이란 감성의 공동체이기 때문이다. 그래서 공놀이란 아름답지만 위험하기도 하다.

스포츠가 구체적인 형태로 평화에 이바지한 경우도 쉽게 찾아볼 수 있다. 대표적인 것이 냉전 시대에 결정적인 균열을 만든 '핑퐁 외교'다.

미국과 중국의 핑퐁 외교

1971년 3월 일본 나고야에서 제31회 세계 탁구 선수권 대회가 열렸다.

그 대회에 미국 대표로 참가한 선수 중에 글렌 코완^{Glenn Cowan}이라는 사람이 있었는데, 어느 날 경기장에서 늦게까지 연습을 하다가 숙소로 돌아가는 버스를 놓치고 만다. 낯설고 말도 통하지 않는 일본에서 어쩔 줄 몰라 하던 그의 곁으로 마침 중국 선수단 버스가 지나갔는데, 뜻밖에도 그 안에 타고 있던 장쩌둥^{莊則棟}이라는 선수가 창문을 열고 손짓을 하며 그를 불렀다.

"어이, 이리 와. 버스에 타라고."

어차피 선수단의 숙소는 모두 같으니 그 버스를 타면 문제는 간단히 해결될 것이었다. 하지만 당시 중국과 미국은 적대 관계에 있었고, 중국인과 미국인이 접촉한다는 것 자체가 있을 수 없는 일이었다.

제1차 세계대전 중이던 1917년 혁명을 일으켜 제정^{帝政}을 무너뜨리고 사회주의 정부를 세운 러시아는 주변 14개 공화국과 연합해 소비에트연방공화국^{약칭 소련}이라는, 지구상에서 가장 거대한 국가를 구성했다. 그리고 남은 봉건 세력에 맞서 싸우던 몇몇 유럽 국가의 혁명 세력과 식민지 상태에서 벗어나려는 아시아 국가들의 독립 운동을 적극 지원해 사회주의 우방을 확보하기 시작했다. 그 성과로 제2차 세계대전이 끝난 직후에는 유고와 폴란드, 체코, 불가리아 등 동유럽 여러 나라에 사회주의 정부를 세우는 데 성공했고, 1949년에는 기나긴 내전 끝에 아시아 대륙의 절반 이상을 차지하는 대국 중국까지 같은 진영에 포함시킨다.

사회주의 국가들의 운영 원리는 이전의 어느 나라와도 달랐다. 개인 소유를 제한하고 생산과 소비를 포함한 경제 정책 전반을 당 중앙에서기 계획해 지시하는 것뿐만이 아니었다. 나라마다 정부가 수립되기는 했지만 정부보다도 높은 위치에서 군사와 외교 정책을 지휘하는 조직이 있었던 것이다. 사회주의는 하나의 국가를 운영하는 원리보다는 한 시대의 사회 운영 원리에 가까웠고, 궁극적으로 전 세계 모든 나라가 국경 없이 어우러져야만 적용할 수 있는 원칙들을 담고 있었다. 그래서 국제주의라는 명분 아래 모든 사회주의 국가를 지휘하는 사령탑을 만들었는데, 실질적으로는 소련의 정부와 지도자가 그 역할을 수행했다.

여러 나라지만 실제로는 하나의 국가처럼 조직하고 움직이는 사회주의권에 맞서기 위해 그 반대편의 나라들도 '구역'을 형성했다. 제2차 세계대전 이후 비사회주의 세계는 미국이 주도해 이끌었고, 이전에는 패권국가로 군림했지만 전쟁 후유증으로 움츠러든 영국과 프랑스 등이 보조적인 역할을 했다. 아시아에서는 제2차 세계대전 패전국으로서 미국에 항복한 일본이 전진 기지의 역할을 맡았다.

그리하여 세계는 제2차 세계대전이 끝나고 불과 몇 년 만에 소련 중심의 사회주의와 미국 중심의 자유주의 세력으로 양분되고, 대치 전선은 유럽과 아시아 곳곳에 그어졌다. 그 전선은 한 나라의 영토를 가르며 지나가기도 했는데, 유럽에서는 독일의 베를린을 동과 서로 갈랐고, 아시아에서는 중국과 대만 사이의 해협을 갈랐으며, 한반도를 남과 북으로 갈랐다. 이때 한반도를 가른 전선이 바로 위도 38도선이다.

하지만 그렇게 거대하고도 명료한 대치 전선을 그어 놓고도 세계대전 형태의 열전으로 폭발하지는 않았다. 물론 중국과 한국과 베트남에서 각각 수십만 명 이상이 목숨을 잃는 끔찍한 전쟁이 벌어지긴 했지만, 세계 곳곳에서 동시다발적으로 벌어진 세계대전과는 방식이 달랐다. 여러 나라가 개입하긴 했지만 전선이 한 나라의 국경 밖으로 확장되지 않아 내전으로 그쳤기 때문이다.

두 진영은 힘이 너무 강했기 때문에 정면충돌하면 공멸할 수밖에 없었다. 두 진영의 규모도 이전과는 비교할 수 없을 만큼 거대했고, 양쪽 진영 모두 핵무기를 보유하고 있어 전쟁이 일어나면 당사자들도 통제하지 못할 것이 분명했다. 지구상 대부분의 나라가 미국과 소련을 중심으로 나뉘어 똘똘 뭉쳤지만 전면적인 전쟁으로는 이어지지 않은 시대, 그래서 사실상 늘 싸우고 있지만 곧장 핵미사일을 쏘아 댈 만큼 달아오르지는 않았던 그 모순된 상황을 '차가운 전쟁', 즉 '냉전'이라고 한다.

그 냉전의 시대에 적대국의 국민과 허가받지 않은 접촉을 시도하는 행위는 자칫 간첩죄, 혹은 반역죄로 처벌될 수도 있었다. 그런데도 세계 선수권 대회에서 세 차례나 우승한 중국 대표 팀의 기둥이자 선수단의 부단장이던 장쩌둥은 국민적 영웅으로서의 자신감 때문인지 돌발 행동을 했고, 모든 권위와 억압을 거부하는 히피 문화에 심취해 있던 글렌 코완 역시 잠시 당황하기는 했지만 별다른 대안도 없었기 때문에 못 이기는 척 차에 올라탔다. 두 사람은 말도 통하지 않았고, 서로 깊은 인연을 맺을 시간도 부족했다. 버스에서 내린 뒤 숙소 앞에서 기념사진 한 장을 찍고 헤어졌을 뿐이다. 하지만 그 사진이 신문지면에 실려 세상에 알려지면서 대단히 화제가 됐다. 적대국의 국민을 외계인보다 멀게 생각하던 시대에 미국과 중국을 대표하는 탁구 선수 두 사람이 일본 호텔 앞에서 웃으며 찍은 사진이라니, 양쪽 진영 모두에게 강한 호기심과 신선한 충격을 안겨 줄 수밖에 없었다.

곧 미국과 일본을 비롯한 자유 진영 나라의 기자들이 코완에게 몰려들어 온갖 질문을 던졌다.

"무슨 이야기를 나누셨나요?"

"그 중국인은 미국에 대해 어떻게 생각하고 있던가요?"

"뭔가 위협적인 느낌은 받지 못했나요?"

"회유를 한다거나 정보를 빼내려는 것 같지는 않았나요?"

말도 통하지 않는 상대와 10여 분 남짓 버스 옆자리에 앉아 있을 뿐인 그가 답할 수 있는 질문은 거의 없었다. 그가 의미 있는 답을 할 수 있었던 질문은 단 한 가지였다.

"그 선수가 혹시 중국으로 초대한다면, 갈 생각이 있습니까?"

답은 짤막했다.

"물론입니다."

하지만 파장은 컸다.

그 무렵 중국 정부는 굳어져 버린 냉전 질서에 변화를 주고자 했다. '사회주의 조국'이라고 부르던 소련이 정치인인 니키타 흐루쇼프^{Nikita Khrushchyov} 주도로 감행한 스탈린 격하 운동_{스탈린의 잘못을 비판하며 탈스탈린 정책을 실시함}에 실망했을 뿐 아니라, 중국이 소련의 지시를 따르는 속국으로 머물 필요가 없을 만큼 성장하고 있었기 때문이다. 또한 10억이 넘는 국민을 먹여 살리려면 조금 더 빠른 속도로 경제를 성장시킬 필요가 있었고, 그러자면 언제까지나 세계 자본과 시장의 대부분을 차지하는 서방 세계와 군사적 긴장을 유지할 수도 없었다.

중국은 미국과 대화의 통로를 만들고자 했지만 20년 이상 완전히 단절되어 있던 상대에게 갑자기 말을 걸 방법이 마땅치 않았다. 대화하고 싶긴 하지만 아쉬운 처지로는 보이고 싶지 않았고, 소련을 비롯한 사회주의 동맹국들의 비판과 원망도 사고 싶지 않았다. 아주 조심스럽고 가벼운, 부담 없는 방식의 접촉이 필요했다. 그런 상황에서 중국의 최고 지도자 마오쩌둥毛澤東은 중국에서 초대한다면 가겠다고 한 글렌 코완의 인터뷰 내용을 보고받았다. 그리고 외교부장에게 미국 탁구 선수단을 중국으로 초대하라고 지시했다.

미국 입장에서도 먼저 입을 떼지는 못했지만 반가운 소식이었다. 미국은 지난 수십 년 동안 사회주의의 확산을 막기 위해 전 세계에 막대한 돈을 쏟아붓고 있었다. 재정이 황폐해진 유럽 국가들은 꾸준히 성장하는 사회주의 혁명 세력의 도전을 막아 낼 수가 없었고, 제2차 세계대전으로 폐허가 되다시피 한 영국과 프랑스도 다른 나라를 지원할 여력이 없었다. 결국 미국은 유럽의 경제 부흥을 돕는 마셜 플랜Marshall Plan에 100억 달러 이상 쏟아부었고, 아시아에는 중국과 한반도의 공산화를 막기 위해 수십억 달러의 돈과 그 이상의 군사력을 썼다. 그럼에도 유럽의 절반은 공산화되었고 미국이 지원하던 중국 국민당은 대륙에서 쫓겨나 대만 섬에 갇히는 신세가 돼 버렸다. 한반도의 적화 통일은 간신히 막아 냈지만 38도선 이북이 사회주의권으로 남는 것은 막지 못했다. 게다가 1970년대 무렵 아시아에 사회주의가 확산되는 것을 막기 위해 참전한 베트남 전쟁은 끝날 기미가 보이지 않았고, 정부의 재정 적자가 부담스러운 수준으로 늘고 있었다. 막강한 힘을 가진 미국의 능력도 냉전 질서를 유지하는 데는 한계가 있었다.

미국과 중국 외교 라인의 비밀 접촉이 순조롭게 이루어졌다. 선수권 대회가 끝난 뒤 일본에 머물고 있던 미국 탁구 선수단은 귀국을 미룬 채 협상 결과를 기다렸고, 그곳에서 곧장 중국으로 향했다. 1971년 4월 10일 베이징 공항에 일본 도쿄에서 출발한 독일 항공사 루프트한자 비행기가 착륙했고, 미국 탁구 선수단 열다섯 명이 내렸다. 이들은 1949년 10월 중국 공산당이 미국의 전폭적인 지원을 받던 국민당을 몰아내고 중화인민공화국 수립을 선포한 이후 중국을 공식 방문한 최초의 미국인이었다.

중국은 세계에서 가장 많은 인구와 세 번째로 넓은 영토를 보유한 나라고, 미국은 세 번째로 많은 인구와 네 번째로 넓은 영토를 가진 나라다. 지구를 대표하는 두 대국이 무려 20년 이상 서로를 외면하며 살아왔다는 것은 오늘날의 시선으로 볼 때 괴상하기 짝이 없다. 그것이 바로 1940년대 후반부터 1980년대까지 이어진 냉전 질서였다.

그런데 왜 축구 외교나 야구 외교는 없었을까? 올림픽 외교나 월드컵 외교가 될 수 없던 이유는 무엇일까? 왜 하필 탁구를 통해 냉전 해체의 역사가 시작된 것일까?

'테이블 테니스table-tennis' 혹은 '핑퐁ping-pong'이라고 불리는 탁구는 19세기 후반 영국인들이 골프공이나 코르크 마개를 다듬어서 만든 공을 테이블 위에서 책으로 치며 주고받던 놀이에서 유래했다. 그리고 20세기 초 셀룰로이드 공과 나무에 고무를 붙여서 만든 라켓이 개발되면서 대중화되기 시작했다. 탁구가 하나의 스포츠 종목으로 자리 잡은 것은 1920년대 무렵인데, 영국과 왕래가 많던 미국은 초창기에 탁구를 시작한 나라 중 하나다.

중국에 탁구가 도입된 과정은
정확히 알려져 있지 않다. 다만 중
국은 청나라 말기부터 주요 도시
들을 수많은 서양 열강에 조계지와
_{국인이 치외법권을 누리며 거주하는 구역}로 내주어
반식민지 상태에 있었고, 유럽인
의 왕래가 많았기 때문에 서양 문
물을 받아들일 통로는 얼마든지
있었다. 중국에 처음 탁구를 전한
서양인 중에는 대도시의 대학생들
과 교류한 사람도 많았는데, 그 대

탁구하는 마오쩌둥의 모습.

학생들이 나중에 혁명 운동의 주도 세력이 되면서 탁구는 중국의 국기國
技. 한 나라의 대표적인 운동, 기예와 다름없는 위상을 얻는다.

일본군과 국민당군의 폭격과 포격을 피해 옌안延安의 토굴에 머물며
혁명과 내전을 지휘하던 중국 공산당 지도부는 식사를 마치면 식탁 위
에 네트를 치고 탁구를 즐기며 고단한 세월을 견뎠고, 여유가 있을 때는
부대 대항 탁구 대회를 열며 사기를 올렸다. 중국 공산당의 최고 지도자
인 마오쩌둥은 여러 가지 그립grip. 라켓을 쥐는 법을 자유자재로 구사하며 라켓
의 양면을 모두 활용하는 고수였고, 2인자 저우언라이周恩來도 손목에 무
리가 가서 병원에 입원할 정도로 탁구를 즐겼다.

탁구는 중국인에게 혁명과 새 나라를 상징하는 스포츠였을 뿐 아니

라 국제 스포츠 무대에서 처음으로 정상의 영광을 맛보게 해 준 종목이었다. 내전이 마무리되고 신중국이 건설된 지 10년 만인 1959년 4월 6일, 독일 도르트문트에서 열린 세계 탁구 선수권 대회 남자 단식에서 우승한 룽궈퇀^{容國團}이 중국이 배출한 최초의 세계 대회 금메달리스트다.

그런 탁구를 통해, 그런 미국과 만나는 과정이 중국인들의 열렬한 환호 속에서 이루어진 것은 당연한 일이었다. 그리고 중국인들이 환대하는 모습을 텔레비전으로 지켜본 미국인들의 마음도 빠르게 녹아 갔다. 긍정적이고 우호적인 분위기에서 미국과 중국의 거리는 급격히 가까워졌다. 미국 탁구 선수단이 중국을 방문하고 두 달 뒤인 1971년 6월 10일에는 당시 미국 대통령 리처드 닉슨^{Richard Nixon}이 중국에 대한 무역 금지 조치를 22년 만에 해제했고, 한 해 뒤인 1972년 2월 21일에는 닉슨 대통령이 중국을 방문해 마오쩌둥과 정상 회담을 가진 뒤 공동 성명을 발표하기에 이른다. 성명에는 대만과 중국의 문제는 중국인 스스로 해결해야 하며 대만은 중국의 일부임을 인정한다는 내용도 포함되어 있었다. 그것은 미국이 대만으로 피신해 있던 국민당 정부를 더 이상 지원하지 않겠다는 약속이었고, 중국의 민족 내부 문제에 미국이 개입하지 않겠다는 선언이었으며, 군사적으로 중국을 적대하지 않겠다는 입장 표명이기도 했다. 미국과 중국 두 나라 사이의 핵심적인 적대 요인을 단번에 제거해 버린 셈이다. 그런 우호 관계의 상징으로 중국은 미국에 판다를 선물하기도 했다. 그리고 그로부터 6년 뒤인 1978년 12월 미국이 대만과의 국교를 단절하고 새해 첫날인 1979년 1월 1일 중국과 수교한 것은, 미국과 중국이 탁구장에서 만난 순간부터 이미 예견된 일에 마침표를 찍는 것이었다.

1972년 정상 회담 당시의 마오쩌둥과 리처드 닉슨.

오랜 세월 멀찍이 갈라선 채 적대해 온 거대한 두 나라 미국과 중국의 만남은 단지 두 나라에만 영향을 미친 것이 아니다. 그것은 냉전 체제의 종식을 의미했으며, 비로소 세계가 하나로 통합되었음을 뜻했다. 그 뒤로 이어진 독일 통일과 소련 붕괴와 세계 자유 무역 질서 구축이 모두 그로부터 시작되거나 가속화한 일들이다.

그 일련의 사건을 사람들은 '핑퐁 외교'라고 부른다. 탁구를 매개로 이루어진 거대한 외교적 성과라는 점에서도 그렇지만, 서로 주거니 받거니 덕담과 호의를 주고받는 과정이었다는 점에서도 그렇다. 실제로 네트 너머로 공을 넘긴다는 것은 '공격'인 동시에 관계의 시작을 알리는 '선물'이다. 경기 처음에 공을 상대방에게 넘기는 행위를 서브, 또는 '서비스service, 봉사'라고 부르는 이유다. 공을 넘기지 못하면 패배하지만, 손에 움켜쥐고 독점하려고만 해도 경기는 성립되지 않는다. 그런 점에서 함께 경기를 치르는 상대방은 적인 동시에 동반자다. 미국과 중국이 보여 준 탁구 외교는 단지 탁구를 매개로 한 외교인 것만이 아니라 탁구를 통해 외교를 깨닫고 외교를 통해 탁구를 깨닫는 과정이었는지도 모른다.

남한과 북한, 한 팀이 되다

한국인들도 핑퐁 외교의 현장을 보며 환호한 일이 있다. 미국과 중국의 적대 관계와는 비교도 할 수 없을 만큼 살벌하게 군사적으로 맞버티고 충돌을 이어 가던 남북한이 스포츠를 통해 무려 40년 만에 극적인 화해의 분위기를 만든 1991년의 일이다.

1990년대 초반 북한은 북한대로 남한은 남한대로 변화의 필요성을 느끼고 있었다. 특히 북한은 절실했다. 사회주의 진영에서 지도력을 발휘하던 소련이 해체의 과정을 밟기 시작한 데다, 사회주의권 국가들 중 가장 모범적으로 경제 발전을 이룬 동독마저 붕괴되어 서독으로 흡수 통일되었기 때문이다. '기댈 언덕'이 사라졌지만 사회주의 이념은 포기할 수 없었던 북한은 더 철저하게 고립의 길을 갈지, 아니면 좀 더 유연하게 대응하며 외부 세계와 접촉면을 늘릴지 선택해야 했다. 그리고 일단 두 번째 길을 선택하기로 했다.

남한 역시 변화를 원하고 있었다. 1987년 무려 25년 만에 민주적인 선거로 대통령에 당선된 노태우는 그 자신도 쿠데타 세력의 한 명이었지만 전임자인 박정희, 전두환과는 차별화되는 정통성을 인정받았다. 그는 그 자신감을 바탕으로 임기 초반부터 꾸준히 '북방 외교'라는 이름을 내세워 사회주의 국가들과 교류를 추진했고, 중국과도 수교를 앞두고 있었다. 이념보다 경제적 실리를 추구한 것인데, 그 결실을 얻기 위해서는 북한과의 관계도 긴장보다는 화해의 길로 나아갈 필요가 있었다. 그렇게 처지가 비슷했던 남한과 북한은 1990년부터 논의를 시작해 1991년 세계 탁구 선수권 대회와 세계 청소년 축구 대회에 단일팀을 파견하기로 합의하고, 실천했다.

남한과 북한은 1991년 4월 일본 지바 현에서 열린 세계 탁구 선수권 대회에 단일팀을 파견했다. 6.25전쟁을 치른 지 40여 년 만에 남과 북이 처음으로 같은 편에 선 것이다. 남한은 남자부에 유남규와 김택수를, 여자부에 현정화와 홍차옥을 내보냈고, 북한은 남자부에 김성희와 리근상을, 여자부에 리분희와 유순복을 내보냈다. 연습 기간이 충분하지 않았고 호흡을 맞추는 것도 쉽지 않았지만 남북한 단일팀은 남자 단식과 혼합 복식에서 동메달을, 여자 단식에서 은메달을 따낸 데 이어 여자 단체전에서는 세계 최강으로 통하는 중국의 벽을 넘고 금메달을 따내는 기적적인 성과를 만들기도 했다. 2012년 개봉한 영화 〈코리아〉는 바로 그 대회를 배경으로 한다.

그로부터 한 달 뒤인 1991년 5월 포르투갈 리스본에서 열린 세계 청소년 축구 선수권 대회에 다시 한번 남북한 단일팀이 파견됐다. 열한 명이 동시에 뛰는 축구는 탁구와는 비교할 수 없을 정도로 팀워크가 중요한 종목인 만큼 이질적인 두 팀을 하나로 만드는 일은 더 어려울 수밖에 없었다. 하지만 정치적인 결정을 경기 현장의 어려움 때문에 되돌리거나 미룰 수도 없었다. 결국 고육지책이 동원됐다. 공격진은 북한 쪽에서, 수비진은 남한 쪽에서 완성된 조직력을 모은 뒤 조립하는 방식이었다. 실제로 대회 내내 공격은 최철, 윤철, 조인철 등 북한 출신 선수들이 주도했고 수비는 강철, 이임생 등 남한 출신들이 주축을 이루었다. 물론 조직력 면에서 완벽하지는 않았지만 개인 기량이 뛰어난 선수들이 많았고, 국민의 성원을 등에 업은 만큼 더 좋은 경기력을 발휘해 조별 예선에서 아르헨티나를 꺾고 8강까지 진출하는 성과를 내기도 했다.

그해 탁구와 축구 모두 단일팀은 국호를 '코리아'로 하고, 태극기와 인공기 대신 한반도기를 앞세웠다. 통일을 기원하는 민족적 염원을 담은 결정임은 두말할 필요도 없었다. 하지만 미국과 중국처럼 남북한도 스포츠로 시작해 정치적인 갈등까지 해소하고 통일을 이룰 것이라는 한국인들의 기대는 불과 1년을 넘기지 못하고 깨졌다. 심지어 그로부터 3년 뒤인 1994년에는 남한과 북한이 '평양 폭격'과 '서울 불바다'를 운운하며 서로 협박할 만큼 살벌한 적대 관계로 돌아서 버렸다. 그리고 그로부터 다시 20년이 넘는 세월이 흐르는 동안 단일팀 출전은 한 번도 성사되지 못했다. 오늘날까지 남한과 북한은 쳇바퀴만 돌리고 있을 뿐이다.

물론 남북한의 상황을 미국과 중국의 상황과 단순하게 비교할 수는 없다. 태평양만큼의 거리를 사이에 두고 있는 미국과 중국은 의도하지 않는 한 굳이 부딪히며 갈등할 여지가 많지 않다. 하지만 원래 하나였던 땅과 하늘과 바다에 억지로 선을 긋고 마주 선 남북한은 라이벌이라는 단어로도 그 밀접함을 다 표현할 수 없다. 그리고 미국과 중국은 적대 관계를 청산하는 것만으로도 최종 목표를 달성할 수 있었던 반면, 남한과 북한은 통일이라는 훨씬 어려운 과제가 남아 있었다. 중국이 기회를 얻자마자 띄워 보낸 '서비스'에 미국이 경제와 정치와 군사 부분을 망라한 쾌속의 '드라이브drive. 공을 비스듬히 세게 치는 것'로 화답해 관계를 회복한 것과 달리, 한국인들에게는 조금 더 길고 끈질긴 '랠리rally. 네트를 사이에 두고 공을 주고받는 것'가 필요했는지도 모른다.

아일랜드 감자 기근

18세기 아일랜드 사람들의 주식은 감자였다. 맛있어서가 아니다. 살아남기 위해서였다.

아일랜드의 역사는 영국에 침략당하고, 지배를 받고, 그에 맞서 싸우기를 반복해 온 험난한 여정으로 이루어져 있다. 영국은 한때 전 세계 육지의 6분의 1을 지배할 만큼 부강한 나라였던 반면, 아일랜드는 그런 영국과 가장 가까이에 있는 약한 나라였기 때문이다. 아일랜드 사람들은 밀을 심고 땀 흘려 농사를 지어도 해마다 수확할 때쯤이면 영국인들이 몰려와서 기껏 거둔 밀을 죄다 빼앗아 갔기 때문에 아무리 열심히 일해도 굶주림을 피할 수가 없었다. 물론 여러 차례 저항도 했다. 그러나 영국군을 이길 수는 없었다. 인구도 적고 무기도 형편없었기 때문이다. 그럴 때마다 당대 최강의 군대를 보유한 영국은 아일랜드를 철저히 짓밟은 뒤 온 마을과 밭에 불을 질러 보복했다.

그런 아일랜드 사람들에게 감자는 고마운 작물이었다. 감자는 땅속에서 자라기 때문에 영국인들이 불을 지르거나 짓밟아도 살아남았고, 완전히 익을 때까지 기다려야 했던 밀과 달리 감자는 아무 때나 캐서 먹을 수 있었다. 그리고 무엇보다도, 밀은 영국인들이 닥치는 대로 약탈해 갔지만 감자는 굳이 그러려고 하지 않았다. 맛이 없었기 때문이다. 그래서 가난한 아일랜드인들은 대부분의 땅에 감자를 심었다. 안심하고 끼니를 이을 수 있는 것이라고는 오직 그것뿐이었으니까.

그런데 1845~1850년 아일랜드에서 감자들이 한꺼번에 병들어 죽는 끔찍한 일이 벌어지고 만다. 당시 아일랜드인들은 한 번에 많은 감자를 심기 위해 품종을 다양하게 고르지 않았는데, 가장 많이 심은 감자의 품종에 취약한 돌림병이 돌아 나라 안의 모든 감자밭이 피해를 입은 것이다. 그때 아일랜드에는 어림잡아 800만 명 정도가 살고 있었는데 그로부터 5년 동안 굶어 죽은 사람이 무려 100만 명이 넘었고, 살아남은 사람들 가운데서도 약 150만 명이 먹을 것을 찾아서 바다 건너 아메리카 대륙으로 탈출했다. 불과 5년 사이에 250만 명에 이르는 사람이 죽거나 제 나라를 떠나 버리면서 인구가 3분의 1 가까이 줄어든 것이다.

아일랜드 감자 기근은 생물종의 획일화가 얼마나 위험한 일인지를 보여 주는 사례로 흔히 언급되곤 한다. 하지만 사실 수많은 아일랜드인의 비참한 죽음에 가장 큰 책임은 잔인한 침략자 영국, 잉글랜드에 있다. 그들은 이웃 나라 아일랜드인이 극심한 기근에 시달리는 동안에도 온정을 베풀기는커녕 밀 약탈을 멈추지 않았다.

이러한 역사를 가진 만큼 아일랜드와 잉글랜드는 갈등의 골이 깊다. 그리고 이 갈등은 영국을 이루고 있는 잉글랜드, 웨일스, 스코틀랜드, 북아일랜드가 각각 출전해 맞붙는 국제 축구 대회에서도 어김없이 드러나 국민들의 응원 열기에 불을 지피고 있다.

공놀이와
민주주의

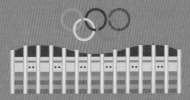

공놀이의 가장 큰 장점은 재미있다는 것이다. 그리고 공놀이의 가장 큰 단점 역시 재미있다는 것이다. 공놀이를 하면 즐겁지만, 공놀이만 하며 살 수 있는 사람은 많지 않다. 공놀이를 삶의 가장 중요한 부분으로 남겨 둘 수 있는 사람도 흔치 않다.

우리나라에서 월드컵을 연 2002년을 돌아보자. 월드컵 대회가 진행되던 6월과 7월에는 거의 날마다 50분 남짓 이어지는 프라임 타임^{prime} ^{time, 시청률이나 청취율이 가장 높은 방송 시간대} 뉴스 시간 중 45분 정도가 축구 관련 보도로 채워졌다. 뉴스가 시작되면 그날의 경기 소식과 하이라이트, 한국 대표 팀 선수들의 상태, 한국 대표 팀이 만나게 될 상대 팀 전력 분석, 경기장 이모저모, 전 세계를 놀라게 한 서울시청 앞 거리 응원 소식들, 대회 진행 과정에서 발견된 미담이나 문제점, 다음 날 경기 일정, 날씨를 비롯해 경기에 영향을 미칠 요소에 대한 심층 보도들이 쏟아졌다.

그렇게 45분 정도가 지나면 마지막 5분 남짓한 시간에 정치, 경제, 사회, 문화, 교육 등 축구 이외 모든 분야의 뉴스가 앵커의 노련한 진행에 의해, 혹은 요약된 자막으로 전달되곤 했다. 그렇게 전달된 내용 중에는 마침 한창이던 지방 선거와 대통령 선거 관련 보도, 북한과 연평도 근처 바다에서 수십 명의 사상자를 낸 해상 전투 관련 보도, 의정부에서 미군 부대 훈련 중 목숨을 잃은 두 여중생에 관한 보도 등이 포함되어 있었다. 여느 때 같았으면 특보와 심층 보도와 논평들로 종일 지면과 화면을 채웠을 초대형 쟁점들이 모두 단신으로 처리된 것이다. 6월 중순에 희생된 의정부 여중생들에 관한 소식이 9월쯤에야 많은 사람에게 알려진 것도, 찬바람이 불기 시작한 11월 무렵에야 사람들이 광화문 사거리

2002년 월드컵 당시 서울시청 앞 거리 응원 인파.

에서 추모의 촛불을 밝히기 시작한 것도 그 때문이다.

　　당시 하루 방송 시간 중 절반 이상이 월드컵과 축구 관련 내용으로
채워졌다. 뉴스가 끝나면 월드컵의 이모저모를 좀 더 심층적으로 파헤치
는 스포츠 뉴스가 이어졌고, 그 뒤로는 한국 축구의 발전 방안을 찾기
위한 특집 토론회가 진행되었으며, 또 그 뒤로는 축구 관련 다큐멘터리
나 영화가 밤새도록 나왔다. 피 말리는 지지율 싸움 중이던 대선 후보들

도 대개는 붉은 악마 티셔츠를 입고 거리 응원 현장에서 "대￢한민국!"을 외치는 것이 일과의 대부분이었고, 연예인들도 가수건 배우건 코미디언이건 할 것 없이 축구에 대한 지식과 애정과 열정을 뽐내는 데 몰두해야 했다. 나중에 〈서울신문〉으로 이름을 바꾼 일간지 〈대한매일〉은 아예 제호를 '대￢한매일'로 바꾸는 파격을 감행했는데, 그만큼 월드컵이 국민들의 관심에서 차지하는 비중이 절대적이었음을 보여 준다.

그 시절 세계 최대의 스포츠 제전을 개최했다는 뿌듯함, 그 대회에서 한국 대표 팀이 4강까지 진출한 데서 느낀 기쁨과 행복, 자신감, 용기, 영감이 이후 한국인들이 살아가는 데 큰 힘이 되고 자산이 되었음은 물론이다. 하지만 뒷전으로 잠시 밀려났던 정치적, 사회적, 군사적 쟁점에 관한 토론의 공백이 우리에게 어떤 손실로 돌아왔는지 굳이 계산하지 않고 살아온 것도 사실이다. 세계에서 가장 빠르고 저렴하게 건설했다는 고속도로를 보며 환호했던 우리는 그 속도와 경제성 뒤에 숨은 희생과 부실과 비리에 둔감했다. 그리고 그 잘못은 벼락같은 참사로 돌아왔다.

전두환 독재 정권과 스포츠

1980년대 초반 국내의 신문 칼럼에 등장하기 시작한 '3S 정책'이라는 말은 정확한 기원을 알기 어렵다. 단 학술 논문이나 책에서 비롯된 개념이 아니라는 점은 분명하다. 그리고 국내에 등장하기 전까지는 미국과 유럽에서도 용례를 찾아보기 어려운데, 아마도 이것 또한 정작 미국인은 들어본 적이 없다는 케네디 스코어^{kennedy score. 미국의 케네디 전 대통령이 야구 경기에서 8 대 7}

^{이 가장 재미있는 점수라고 했다는 데서 유래한 말이라고 하지만 근거를 찾기 어렵다}처럼 한국의 언론인들이

미국과 영어라는 문화적 권위에 기대어 임의로 만들어 낸 말이 아닌가

싶다. 어쨌든 비리가 많은 정권일수록 국민들의 정치적 관심을 다른 곳

으로 돌리기 위해 스포츠^{sports}, 영화^{screen}, 성^{sex} 산업을 장려하는 우민화

정책을 추진한다는 설명 자체는 나름대로 타당성을 가지기에 오늘날까

지도 널리 입에 오르내리고 있다.

그 말이 만들어진, 혹은 자주 언급되기 시작한 1980년대 초반 한국

의 대통령은 전두환이었다. 1979~1980년 몇 차례 연속적인 군사 정변을

감행해 정권을 쥔 그에게는 정통성이 없었다. 전 국민의 투표를 거치지

않은 채 권좌에 올랐고, 그 스스로도 국민 전체의 지지를 받는다는 확신

을 가지지 못했다. 시민혁명, 혹은 또 다른 정치군인의 쿠데타에 의해 그

자리에서 밀려나지 않으려면 국민의 복종을 이끌어 내는 특별한 방법을

동원해야 했다. 그래서 한편으로는 공포심을 자극하고, 다른 한편으로는

유화적인 태도를 취했다. 그럼으로써 국민들의 저항을 누그러뜨리고 지

지를 유도하려 했다.

1980년 5월 광주에서 일어난 민주화운동을 특수 부대를 동원해 잔

인하게 유혈 진압하고, 사회 정화를 명분으로 삼청교육대를 만들어서 저

항 세력부터 길거리 부랑자까지 온갖 종류의 골치 아픈 이들을 모두 집

어넣어 '정신이 번쩍 들 때까지' 잔인하게 정신 교육을 해 댄 것은 물론

첫 번째 경우에 속하는 일이었다. 반면 밤 12시 이후에는 아무도 집 밖을

돌아다니지 못하도록 하는 야간 통행금지를 해제하고, 영화 관련 규제와

서울올림픽주경기장. 1986년 아시안 게임과 1988년 하계 올림픽에서 주경기장으로 사용하기 위해 지은 것으로, 1984년 완공되었다.

검열을 완화하고, 정부가 나서서 야구와 축구와 씨름 같은 스포츠 종목들을 프로화한 것은 두 번째 경우에 속했다. 그 덕분에 술과 성^性을 파는 심야 유흥업소들이 우후죽순처럼 번지기 시작했고, 온갖 '부인' 시리즈로 대표되는 에로 영화 장르에 소리 없는 흥행 열풍이 불기도 했다. 수십 년간 지속되어 온 '에너지 절약'이라는 정부 시책마저 거꾸로 돌리며 매일 밤 수백만 원어치의 전기를 써 야간 조명등을 켜고 프로 스포츠 경기를 연 것도 그 때문이었다. 3S라는 개념이 정확히 들어맞는, 급격하고도 광범위한 문화적 변동이었던 것이다.

스포츠와 영화와 성은 재미있다는 공통점을 가지고 있다. 아주 자극적이면서 중독성도 강해서 한번 시작하면 끝도 없이 탐닉하고 싶어지고 그것 하나에만 몰입하고 싶어질 만큼 재미있는 것들이다. 이처럼 강렬한 재미에 빠져든 사람은 다른 문제들에 대한 집중력을 잃게 되는 경우가 많다. 실제로 1980년대는 저항하면 잔인하게 짓밟히지만 순응하면 이전에 경험하지 못한 달콤한 쾌락이 주어지는 시대였고, 그래서 수많은 사람이 정치적 저항의 현장 대신 야구장과 축구장과 씨름장, 그리고 극장과 심야 유흥업소로 몰려들었다. 전두환 정권이 임기 초반에 정치적 비판이나 저항의 목소리 없이 역사상 거의 유례가 없을 만큼 일방적인 독재 권력을 휘두른 데는 그런 배경이 있었다.

저항의 상징, FC 바르셀로나

1980년대 초반 스포츠 진흥 정책은 전두환 정권의 권력 기반을 단단하게 만드는 데 큰 역할을 한 것이 분명하다. 야구, 축구, 씨름의 프로화가 국민들의 저항 의식을 누그러뜨리는 역할을 했다면, 아시안 게임과 올림픽을 유치하고 치러 내는 과정은 전두환 독재 정권에 대한 국제 사회의 부정적인 인식을 무마하는 데 큰 역할을 했다. 하지만 그게 전부일까? 그렇다면 스포츠는 민주주의의 적이고, 스포츠를 멀리하는 것이야말로 독재를 막아 내기 위해 민주 시민이 가져야 할 올바른 자세일까?

대부분의 세상일에는 양면성이 있다. 긍정적이기만 한 일도, 부정적이기만 한 일도 없다. 스포츠 역시 그렇다. 스포츠가 독재 정권의 도구로 활용된 것은 분명한 사실이지만, 그들에게 도움이 된 것만은 아니다. 무엇보다도 스포츠는 대중을 결집시키는 힘이 있기 때문에 정치적 쟁점으로부터 멀리 떼어 놓는 역할을 할 수도, 정치적 비판의 대열로 모이게 할 수도 있다. 스페인의 축구팀 FC 바르셀로나의 역사는 두 번째 경우의 사례를 보여 준다.

'바르사Barça'라고 줄여서 부르기도 하는 FC 바르셀로나는 스페인 카탈루냐 지방의 중심 도시인 바르셀로나를 연고지로 하는 프리메라리가 소속의 프로 축구팀이다. 현존하는 세계 최고의 선수로 평가받는 리오넬 메시Lionel Messi를 중심으로 두 차례나 트레블treble, 한 해 동안 정규 리그, 리그컵, FA컵, 대륙 챔피언스리그 중 세 번 이상 우승한 것을 달성하는 등 리그를 넘어 전 세계에서 가장 강력한 프로 축구팀으로 군림하고 있으며, 프리메라리가에서 스물네 번이나 우승하고 유럽 챔피언스리그에서도 다섯 번이나 우승한 화려한 전적을 가지고 있다. 그 팀에서 뛰던 선수들 중 당대 최고로 평가받은 인기 선수들의 이름만 나열해도 요한 크루이프Johan Cruyff, 호마리우Romário de Souza Faria, 호나우두Ronaldo Luíz Nazário De Lima, 호나우지뉴Ronaldo de Assis Moreira, 루이스

2011년 FIFA 클럽 월드컵에서 우승한 FC 바르셀로나. 앞줄 왼쪽에서 세 번째 선수가 메시다.

피구Luis Filipe Madeira Caeiro Figo, 티에리 앙리Thierry Daniel Henry 등 그대로 세계 축구사의 한 페이지가 될 만하다. 하지만 강력한 전력을 구축했다는 것 말고도 FC 바르셀로나를 특징짓는 요소가 있다. 바로 스페인 내전과 프랑코 독재를 거치며 형성된, 진보적인 카탈루냐 시민들의 저항 의식을 상징하는 팀이라는 점이다.

오늘날 그렇게도 강력한 FC 바르셀로나의 토대를 구축한 인물은 바로 요한 크루이프다. 네덜란드 출

1975년 암스테르담 토너먼트 경기를 끝낸 뒤의 요한 크루이프 모습.

신으로, 공격과 수비로 나뉘어 있던 정적인 축구를 전원 공격, 전원 수비라는 새로운 개념으로 진화시킨 '토털 사커total soccer'의 창시자로도 널리 알려져 있다. 그는 선수로서 FC 바르셀로나의 전성기를 열었을 뿐 아니라 은퇴 뒤에는 감독으로서 9년 동안이나 팀과 구단 전반을 지휘하며 전술과 육성 체계의 틀을 세웠다. 그는 네덜란드의 클럽 아약스 소속으로 10년 동안 240경기에서 무려 190골을 넣으며 세계적인 명성을 얻고 있던 1973년 FC 바르셀로나로 이적했는데, 그때 입단 소감을 묻는 기자들에게 이렇게 답했다.

"레알 마드리드에서도 입단 제안을 받았습니다. 하지만 프랑코가 지원하는 클럽에서는 뛰고 싶지 않았습니다. 그래서 FC 바르셀로나로 왔

습니다."

스페인 동북부에 위치해 프랑스와 국경을 마주하고 있는 카탈루냐
지방은 18세기까지만 해도 독립적인 왕국을 이루던 곳으로, 일찍부터
상공업이 발전해 농업 중심이던 다른 지방들에 비해 개방적이고 진보적
인 성향이 강했다. 스페인에 통합된 이후에도 폭넓은 자치권을 누려 왔
고, 언어도 독자적인 카탈루냐어를 썼기 때문에 주민들 역시 스페인인보
다는 카탈루냐인이라는 정체성이 강했다. 1936년 프랑코 장군이 왕당파
와 연합해 군대를 이끌고 반란을 일으켜 공화 정부를 공격하면서 스페
인 내전을 일으켰을 때 카탈루냐인들이 공화 정부를 지지한 것은 그런
역사와 성향 때문이기도 했다. 3년에 걸친 내전 기간 동안 카탈루냐인들
은 프랑스 국경을 통해 들어온 유럽의 진보적인 청년들과 힘을 합쳐 프
랑코 세력에 맞서 싸웠고, 히틀러와 무솔리니의 지원을 받은 프랑코의
집중 공격을 받았다. 최대한 히틀러를 자극하지 않으려 한 영국, 프랑스
등 유럽의 민주 정부들은 스페인 공화파의 구원 요청을 외면했고, 결국
내전은 프랑코군의 승리로 끝났다. 이로써 카탈루냐는 모든 자치권을 잃
었을 뿐만 아니라 프랑코 군사 독재 정부로부터 온갖 차별과 박해를 받
았다. 카탈루냐어 사용도 금지되었고, 단체를 만들거나 함께 움직이는
것도 제한받았으며, 집요한 감시의 대상이 됐다.

그런 카탈루냐인에게 FC 바르셀로나의 홈경기장 캠프 누^{Camp Nou}는
그나마 수만 명이 모여 함께 소리 지르고 카탈루냐어 노래를 합창할 수
있는 공간이었다. 프랑코의 지원을 받는 부자 구단 레알 마드리드와 FC
바르셀로나의 경기인 엘 클라시코^{El Clasico}는 마치 내전을 벌이던 때로 돌

2013년 UEFA 챔피언스리그가 열린 캠프 누의 FC 바르셀로나 응원석. 'Som un equip!'는
'우리는 팀이다.'라는 뜻이다. 응원석의 노란색과 붉은색 배열은 카탈루냐 국기를 상징한다.

아간 것처럼 독재자 프랑코를 향해 마음껏 욕설을 던질 수 있는 기회였
다. 당시 사람들은 엘 클라시코를 '레알 마드리드 대 FC 바르셀로나'가
아니라 '프랑코 대 크루이프'라고 불렀다.

　　FC 바르셀로나는 프랑코에 반대하는 카탈루냐인의 마음과 생각을
축구장 안팎에서 대변하고 감싸 주었다. 축구장에서 반反프랑코 퍼포먼
스를 벌이는 팬들을 경찰과 군대로부터 보호했고, 그 때문에 프랑코의
집요한 공격 대상이 되기도 했다. 1937년에는 구단 회장이던 주제프 수
뇰Josep Sunyol이 군인들에게 살해당했고, 1938년에는 구단 사무실에 군사
용 폭탄이 떨어지기도 했다. 하지만 FC 바르셀로나는 조금도 타협하거나
고개 숙이지 않았다.

　　지금도 FC 바르셀로나 구단 간부들과 원로들은 엘 클라시코 같은

2012년 바르셀로나에서 카탈루냐인들이 독립운동을 하고 있는 모습.

중요한 경기를 치르기 전이면, 평생 프랑코 독재 정권과 싸운 카탈루냐 출신의 전설적인 첼리스트 파블로 카잘스^{Pablo Casals}의 음악을 함께 듣는 전통을 지키고 있다. 프랑코의 팀에서는 뛸 수 없어 FC 바르셀로나로 왔다는 네덜란드인 요한 크루이프의 말은 그런 바르셀로나 시민과 카탈루냐 주민의 상처를 쓰다듬는 따뜻한 위로였고, 다시 뭉쳐서 싸워 볼 용기를 주는 격려였다.

오늘날에도 FC 바르셀로나는 다른 유명 클럽들과 달리 대기업이나 부호를 구단주로 두지도 않고, 수익을 위해 무분별한 광고 영업을 하지도 않는다. 또 돈으로 유명 선수들을 사들이지도 않는다. 그들은 세계 최초의 협동조합식 프로 구단으로, 무려 17만 3000여 명의 출자자와 1300여 개 팬클럽을 주인으로 모시고 있다. 오늘날 FC 바르셀로나가 자랑하는 아르헨티나 출신의 세계 최고 공격수 리오넬 메시 역시 거액의 이적료를 주고 데려 온 선수가 아니다. FC 바르셀로나의 육성 프로그램에 참여시켜 차근차근 길러 낸 선수다.

1976년 프랑코가 죽고 그 체제를 그대로 유지하려던 후계자 나바로를 총리 자리에서 몰아내는 데 성공한 스페인 국민들은 조금씩 내전 이전의 민주적 요소들을 회복해 가기 시작했다. 그러면서 카탈루냐인들도 40여 년간 이어져 온 차별과 감시를 벗어날 수 있었고, 빼앗겼던 자치권도 대부분 되찾았다.

FC 바르셀로나는 독재의 시대에 저항의 상징이자 구심점 역할을 했다. 물론 그들이 프랑코를 향해 직접 돌을 던진 것은 아니었지만, 많은 사람이 FC 바르셀로나를 보며 비판과 저항의 마음을 잊지 않으려 노력한 것은 사실이다. 그리고 그것은 민주주의를 회복하는 데 반드시 필요한 일이었기에 의미가 있다.

물론 그것이 스포츠가 가지는 민주적 가치의 전부는 아니다. 어떤 종목이든 스포츠 경기의 생명은 공정함과 당당함이다. 특권과 반칙이 본질인 독재 정부와 영원히 양립하기 어려운 이유다. 스포츠를 사랑하는 이들은 누구나 승리를 갈망하지만 공정함을 잃은 경기는 견디지 못하며, 상대팀 앞에서 비굴한 팀은 응원하지 않는다. 그들은 공정하지 못한 정부 역시 견디지 못한다. 또한 정의가 사라진 시대에 스포츠는 그것을 떠올리게 하는 역할을 하기도 한다. 정의를 지켜 내는 몫까지 스포츠에 온전히 맡긴 사회라면 정말 암울한 곳일 테지만 말이다.

한국의 프로 스포츠

경제학자들은 프로 스포츠가 정착하려면 1인당 국민 소득이 2만 달러 정도는 돼야 한다고 말한다. 국민 대다수가 당장 먹고사는 문제에 얽매이지 않고 여가의 중요성을 인식하고 스포츠를 관람하며 즐길 정도가 되어야 '운동으로만 먹고사는' 프로 선수들이 나올 수 있다는 것이다.

우리나라에서 본격적으로 구기 종목의 프로화가 시작된 것은 1인당 국민소득이 2000달러 선에서 맴돌고 있던 1980년대 초반이다. 1982년 6개 팀으로 프로 야구가 출범한 데 이어, 1983년에는 5개 팀으로 구성된 프로 축구 '슈퍼 리그'가 출범했다. 때 이른 출범이었음에도 관중석은 계속 가득 찼고, 열기는 뜨거웠다. 쿠데타로 집권해 사회 전반의 권력을 단단히 틀어 쥔 당시 대통령 전두환의 의지와 전폭적인 지원이 없었다면 불가능한 일이었다.

그런데 바로 그것이 문제였다. 주머니를 열어 구단들을 먹여 살릴 소비자로서의 팬들이 아직 준비되어 있지 않던 그 시절, 오로지 쿠데타와 광주 민주화운동의 핏자국을 깔끔히 지워 내고 민심을 수습해야 한다는 정치적 필요에 의해 밀어붙이듯 출발한 프로 스포츠는 애초부터 자생할 토대가 없었던 것이다.

되돌아보면, 경제학자들의 계산보다도 26년 정도 이른 프로 야구 출범은 항상 의지가 조건과 배경을 압도했던 한국 사회 역동성의 한 단면이었다. 그리고 그 의지가 흐려지면 더 이상 버텨 낼 자생력이 없는, 불완전한 한국 프로 스포츠의 출발점이기도 했다.

그래서 한국 프로 스포츠의 본질을 '펫 비즈니스pet business', 즉 애완 산업이라고 자조적으로 부르는 이들도 있다. 스포츠 경기와 선수들의 플레이라는 상품을 판매해 이윤을 창출하는 정상적인 산업이라기보다는, 그저 기업 총수의 취미 생활 내지는 '지고는 못 사는 성격'을 달래려고 벌이는 여흥에 해당한다는 뜻이다. 프로 구단들이 팬의 요구와 만족도를 살피기보다는 기업 총수의 눈치만 보다 보니 사달이 난다는 것인데, 요컨대 한국 프로 스포츠의 문제는 그 자본주의적 성격의 '과잉'이 아니라 오히려 '결핍'에서 비롯된다는 분석이다.

2005년 삼성 라이온즈는 돈줄이 말라 정상적인 운영이 곤란한 현대 유니콘스로부터 리그 최고 수준의 홈런타자 심정수와 유격수 박진만을 데려오며 100억 원대의 지출을 감행했다. 그로부터 2년 뒤 현대 유니콘스가 통째로 매물로 나왔고, 두어 차례 매각 협상이 깨진 뒤 '가입비만 내면 인수 비용은 공짜'라는 파격적인 가격표가 나붙었지만 아무도 거들떠보지 않았다. 10년 동안 네 차례나 우승한 우량 상품임에도 야구단 하나가 선수 둘 값에 미치지 못한 것이다. 이 같은 기이한 현상을 이해하기 위해선 한국 프로 스포츠의 이러한 배경을 알아야 한다.

공놀이와
자본주의

2016년 2월 8일 미국 캘리포니아 샌타클래라의 리바이스 스타디움에서 슈퍼볼Super Bowl 경기가 열렸다. 슈퍼볼은 미국의 전미미식축구연맹 NFL, National Football League의 양대 리그인 NFCNational Football Conference와 AFCAmerican Football Conference의 우승 팀이 단판 승부를 벌여 그해의 최종 우승 팀을 가리는 챔피언 결정전을 말한다. 슈퍼볼은 1967년 시작되어 2016년 50회를 맞이했다.

'볼'이라는 이름은 동부와 서부 지역 대학교 풋볼 챔피언 팀이 만나 단판 승부로 최강자를 가리는 챔피언 결정전을 하던 경기장의 애칭에서 유래했다. 캘리포니아 주 패서디나에 있는 로즈볼 스타디움Rose Bowl stadium 이라는 곳인데, 처음에는 말발굽 모양으로 지었으나 증축하는 과정에서

로즈볼 스타디움. 대부분의 미식축구 대회 이름에 '볼'이 붙게 만든 곳이다.

볼bowl, 화채 그릇처럼 움푹한 모양으로 바뀌어 '로즈볼'이라는 이름이 붙었다.

1902년 시작된 이 대회는 가장 오래된 미식축구 대회이기도 한데, 대회의 애칭이 로즈볼로 굳어진 뒤로는 대부분의 미식축구 대회 이름 뒤에 '볼'이 붙어 버렸다. 미식축구 프로 리그의 챔피언 결정전이 슈퍼볼이 된 것은 물론이고, 우리나라 미식축구협회에서 개최하는 최강자 결정전 명칭이 '김치볼'인 이유도 그 때문이다.

미국 최대 이벤트, 슈퍼볼

미식축구는 그야말로 미국 방식으로 진화한 축구를 말한다. 앞에서 살펴본 것처럼 전쟁과 민란과 집단적 복수의 역사 속에서 태어난 축구는, 유럽에서는 주로 발로만 공을 차는 방식으로 정리됐지만 손으로도 공을 다루는 변종도 다양하게 파생됐다. 대표적인 것이 럭비rugby인데, 1923년 영국의 명문 사립학교인 럭비 스쿨Rugby School에서 축구 경기를 하던 중 너무 흥분한 윌리엄 웨브 엘리스William Webb Ellis라는 학생이 공을 손으로 들고 달리자 상대팀 선수들도 얼떨결에 태클을 해서 공을 빼앗은 뒤 공을 손에 들고 반대편

럭비 스쿨의 윌리엄 웨브 엘리스 동상.

으로 달린 일에서 유래했다고 한다. 럭비 스쿨에는 새로운 종목의 시조가 됨으로써 학교 이름을 세계에 알린 윌리엄 웨브 엘리스 학생의 동상이 세워져 있다.

축구협회Football Association처럼 손을 쓰는 변종들은 배제하고 오직 발로 공을 다루는 종목으로서 축구를 발전시켜 나간 이들도 있고, 손을 쓰는 축구도 재미있다고 생각해 럭비 풋볼rugby football이라는 종목을 발전시켜 나간 이들도 있다. 애초에 스코틀랜드에서 시작된 원시 축구에는 손이나 발 중에 무엇을 쓰면 안 된다거나 하는 규칙 자체가 없었기 때문에 변종 규칙들에 대해서도 거부감을 느끼는 이들은 많지 않았다. 어쨌거나 양쪽 모두 일반 명사에 더 가까운 '풋볼'이라는 이름을 쓰고 싶어 했는데, 럭비 풋볼을 지지하는 이들이 자신들의 축구를 '풋볼'이라 부르고, 발로만 하는 축구를 '협회 풋볼Association Football'이라고 부르던 데서 '사커Soccer, Association Football의 은어식 표기'라는 새로운 이름이 등장하기도 했다. 우리가 축구라고 부르는 종목이 유럽에서는 풋볼로 통하지만 미식축구가 풋볼이라는 이름을 선점한 미국에서는 사커라고 불리는 이유다.

협회 풋볼이 아닌 럭비 풋볼이 신대륙 미국에 먼저 성공적으로 전파된 것은 단지 우연일 수도 있고, 전통보다는 새로운 도전이 미국인의 정서에 더 잘 맞았기 때문일 수도 있다. 어쨌거나 1876년 11월 동북부 아이비리그의 명문 대학인 컬럼비아 대학교, 하버드 대학교, 프린스턴 대학교, 예일 대학교가 모여 전미국축구연맹을 창설하고 럭비 대회를 열기 시작한 것이 미국 풋볼 역사의 출발점이다. 하지만 곧 럭비 규칙에 쓸데없이 전통적이고 불편한 것이 많다는 의견이 나왔고, 대대적인 규칙 개정이 이루어졌다. 이때 미국에서 삭제된 대표적인 럭비 규칙이 '전진 패스 금지'다. 당시 럭비는 공을 가진 선수가 자신보다 앞에 있는 동료에게 공을 던져서 패스하는 것이 금지되어 있었다. 새로운 영토란 한 걸음 한 걸음 돌파하면서 얻어 내야 하는 것이라고 보는 가치관에서 비롯된 것이다. 하지만 마차를 타든 기차를 타든 한 시라도 빨리 미개척지에 도달해 깃발을 꽂고 목장을 넓혀야 했던 신대륙 미국의 젊은이들에게 그건 그저 하품 나는 소리에 불과했다. 전미국축구연맹은 상대 수비수를 따돌린 채 적당한 위치를 선점한 동료에게 정확히 패스를 함으로써 성큼성큼 전진해 나가는 획기적인 공격 방식을 승인했다.

19세기까지만 해도 축구, 럭비, 미식축구가 뚜렷이 구분되었던 것은 아니다. 그저 축구football라는 것이 있고, 그 안에 협회식, 럭비식, 미국식이 있었다. 하지만 오랜 세월이 흐르는 동안 각각 나름대로 규칙을 개정하다 보니 점점 거리가 멀어지면서 이제는 완전히 다른 종목이 되었다.

2016년 설문 조사에 따르면 '가장 좋아하는 스포츠'를 묻는 질문에 미국인의 47퍼센트가 미식축구라고 답했다고 한다. 오늘날 미국인이 가장 사랑하는 스포츠라고 할 수 있는 미식축구는 그렇게 영국에서 건너온 공놀이가 몇 단계의 분화와 발전을 거친 결과 탄생했다. 물론 지금의 미식축구를 단지 '전진 패스를 허용하는 변종 럭비'에 불과하다고 할 수는 없다. 지금의 미식축구는 럭비보다 둥글고 색깔이 다양한 공을 사용하며, 골대의 모양과 경기장의 규격도 모두 럭비와는 다르다. 또한 역동적인 움직임을 유도하는 방식으로 규칙이 개정되면서 선수들은 과격한 몸싸움을 가능하게 하는 거대한 보호 장구를 착용하고 경기에 나서게 됐다. 특히 럭비 선수들과 달리 미식축구 선수들은 머리를 보호하는 금속 헬멧을 쓰는데, 그 안에는 통신 장비가 내장되어 있어 실시간으로 지도자와 선수들이 소통할 수 있다. 그런 점에서 오늘날 미식축구는 가장 많은 과학 기술을 적용한 첨단화된 종목이라고도 말할 수 있다.

그렇다면 미국의 최고 인기 스포츠인 미식축구의 연간 최대 이벤트, 슈퍼볼의 인기는 어느 정도일까? 뉴잉글랜드 패트리어츠와 시애틀 시호크스가 맞붙은 2015년 슈퍼볼을 텔레비전 앞에서 지켜본 사람의 수는 미국 인구의 3분의 1에 해당하는 1억 1440만 명이고, 중계방송의 평균 시청률은 49.7퍼센트에 달했다. 2016년 슈퍼볼에서는 덴버 브롱코스와 캐롤라이나 팬더스가 맞붙었는데, 슈퍼볼의 입장권 평균 가격은 4957달러^{약 552만 원}고 가장 비싼 좌석은 2만 500달러^{약 2284만 원}며 가족이나 동료들과 함께 와인이나 뷔페 음식들을 즐기며 안락하게 슈퍼볼 경기를 관전할 수 있는 최고급 스위트룸 예약권은 50만 달러^{약 5억 5710만 원}에 거래되기도 했다.

슈퍼볼 중계방송은 미국의 3대 전국 방송사^{CBS, FOX, NBC}와 스포츠 전문 채널^{ESPN}이 해마다 순번을 정해서 진행하는데, 슈퍼볼을 포함한 전미 미식축구연맹의 연간 중계권료는 평균 50억 달러^{약 5조 5710억 원}에 이른다. 물론 중계권료 지출은 엄청난 시청률이 보장되는 중계방송 광고 수입을 통해 충분히 흑자로 바꿀 수 있다. 2016년 슈퍼볼 중계 시간의 광고료는 30초당 500만 달러^{약 55억 7100만 원}에 달했다. 광고권은 엄청나게 비싼 값에도 불구하고 대개 슈퍼볼이 열리기 서너 달 전에 매진되곤 한다. 미국 경제 전문지《포브스^{Forbes}》의 분석에 따르면, 기업들은 광고비의 두 배인 1000만 달러^{약 111억 2900만 원} 이상의 효과를 누리기 때문이다. 슈퍼볼은 미국

캘리포니아 주 샌타클래라의 리바이스 스타디움에서 열린 2016 슈퍼볼.

을 비롯한 전 세계에서 약 10억 명이 지켜보는 경기인 만큼 엄청나게 화제가 된다. 한국 기업인 현대, 기아자동차가 7년 연속 참여하고 삼성전자와 LG전자 등이 해마다 슈퍼볼 중계방송 시간 광고 입찰에 참여하며 엄청난 광고비를 지출하고 있는 것도 그 때문이다.

미식축구와 미국 내 최고 인기 스포츠 자리를 다투는 야구도 단 네 번의 경기로 끝난 2012년 월드 시리즈의 광고료가 총 7억 5000만 달러약 8346억 7500만 원에 달했으며, 올스타전 30초 광고료도 57만 달러약 6억 3435만 원에 육박했다. 물론 슈퍼볼 광고료와는 차이가 나지만, 이벤트 게임의 성격이 강한 올스타전이나 경기를 여러 번 치르는 월드 시리즈와 '단판 승부 최강자 결정전'인 슈퍼볼의 단가를 단순 비교하기는 어렵다.

광고료에 관한 이야기를 길게 한 이유가 있다. 스포츠 이벤트 중계방송 시간대의 광고료가 1년 중 가장 높다는 사실은, 더 이상 스포츠가

매사추세츠 주 보스턴의 펜웨이파크에서 열린 2013 월드 시리즈.

그것을 좋아하는 일부의 사람에게만 의미 있는 취미 생활의 영역에 머무르지 않는다는 것을 뜻하기 때문이다. 이제 스포츠란 그것을 좋아하건 말건 상관없이 경제 논리에 따라 움직이는 하나의 산업이며, 그것도 엄청나게 거대한 산업이다.

나날이 커 가는 스포츠 산업

《포브스》의 2016년 집계에 따르면 12개월 동안 연봉, 보너스, 상금 등을 모두 합쳐 가장 많은 돈을 번 운동선수는 8800만 달러^{약 979억 3520만 원}를 벌어들인 포르투갈의 축구 선수 크리스티아누 호날두^{Cristiano Ronaldo, 레알 마드리}

ᄃ소속이라고 한다. 그중 연봉으로 받은 것이 5600만 달러고, 나머지 3200만 달러는 상금이나 광고 수입 등으로 번 것이다. 2위는 아르헨티나의 축구선수 리오넬 메시로 8140만 달러약 905억 9006만 원고, 그 뒤를 이은 선수는 미국 프로 농구NBA에서 뛰며 7720만 달러약 859억 1588만 원를 받은 르브론 제임스Lebron James와 6780만 달러약 754억 5462만 원를 번 스위스의 테니스 스타 로저 페더러Roger Federer, 5620만 달러약 625억 4498만 원를 번 또 다른 NBA 스타 케빈 듀란트Kevin Durant 등이다.

미국에서 대통령보다 많은 연봉을 받은 최초의 운동선수는 홈런왕 베이브 루스다. 베이브 루스가 연봉 8만 달러를 받은 게 1930년의 일인데, 당시 대통령이던 후버의 연봉은 7만 5000달러였다고 한다. 그때 어느 기자가 대통령보다도 많은 연봉을 받다니 너무 많은 게 아니냐고 묻자 베이브 루스는 시가를 삐딱하게 문 채 이렇게 대꾸했다고 한다.

"내 성적이 낫잖아."

대공황 시대 수많은 국민을 실업과 생활고로 밀어 넣어 최악의 지지율을 기록한 대통령의 실책을 꼬집은 농담이었을 것이다. 어쨌든 그때만 하더라도 스포츠 스타에게 어울리는 수입의 상한선은 정치인을 넘어서지는 않았던 모양이다. 오늘날 공을 잘 차고 잘 던지면 1년에 1000억 원에 가까운 돈도 벌 수 있다는 사실을 알게 된다면 베이브 루스가 어떤 표정을 지을지 궁금하다.

선수가 아닌 대회나 팀으로 기준을 바꾸면 액수는 훨씬 커진다. 올림픽이나 월드컵 같은 국제 스포츠 대회들이 수조 원 규모의 후원 계약을 통해 운영되고, 유럽의 프로 축구단들이 연간 수백억 원대의 후원 계약을 체결하는 것을 보면 스포츠가 가진 산업으로서의 힘을 엿볼 수 있다. 2015년 잉글랜드 프리미어리그의 명문 팀인 첼시는 일본의 요코하마 타이어라는 기업과 연간 723억 원씩 5년간 후원 계약을 체결했다.

스포츠 산업이라는 것이 정확히 어떤 것을 가리키는지는 분명하게 말하기 어렵다. 좁게는 스포츠 용품업스포츠 용품을 만들어서 파는 일, 시설업경기장이나 관련 시설을 만드는 일, 서비스업스포츠 관련 기능을 가르치거나, 경기장에 팬들을 모아서 입장권을 팔거나, 스포츠 팬을 대상으로 이벤트를 열어 매출을 올리는 일을 합친 것으로 보기도 하는데, 그렇게 집계했을 때 2014년 우리나라 스포츠 산업의 매출액은 41조 원 정도였다. 대략 국내총생산GDP의 2 3퍼센트에 해당하는 액수다.

하지만 스포츠의 산업적인 영향력은 방송을 비롯한 미디어와 결합했을 때, 혹은 다른 산업 분야와 문화적인 영역에서 결합될 때 비로소 드러나기 때문에 실제 규모는 그 숫자보다 훨씬 크다고 봐야 한다. 스포츠를 통해 창출되거나 확장되는 방송과 언론, 스포츠 관련 게임, 스포츠 경기와 선수들을 모델로 활용하는 기업들, 스포츠 경기 광고 등 파생되는 영역이 무궁무진하다.

예컨대 월드컵과 전자 산업의 밀접한 관계에 대해 생각해 보자. 우리나라에서 월드컵을 연 2002년에 대부분의 식당과 술집 주인들은 텔레비전을 바꾸느라 부산을 떨어야 했다. 그 이전까지는 대부분의 가정에 '완전 평면 텔레비전'이라 불리는 마지막 세대 브라운관 텔레비전이 놓여 있었고 간혹 '프로젝션 텔레비전'이라고 불리는, 화면을 키우는 대신 화질을 희생한 구식 대형 텔레비전을 설치한 업소들이 있는 정도였다. 하지만 두 가지 모두 화면 넓이에 비해 부피가 크거나 화질이 좋지 않았기 때문에 여러 사람이 함께 월드컵 경기를 보고 즐기기에는 한계가 있었다. 그런데 월드컵을 앞두고 LCD나 PDP 액정을 이용해 두께는 얇으면서도 좋은 화질을 구현하는 이른바 '벽걸이 텔레비전'이 보급되기 시작했고, 그 최신형 텔레비전이 설치되어 있지 않은 식당과 술집은 도무지 손님이 들지 않는 현상이 빚어졌다. 그래서 식당과 술집 주인들이 울며 겨자 먹기로 지갑을 열 수밖에 없었던 것이다.

그 뒤 2006년 월드컵 때는 3D 텔레비전 열풍이 불었다. 조금 더 생생하고 실감나게 경기를 즐기고 싶다는 욕망에 불을 붙여 매출을 늘리려는 전자업체들의 전략이었다. 2010년에는 좀 더 선명한 화질에 전력 소모량도 낮춘 LED 텔레비전과 인터넷과 연결해 콘텐츠의 폭을 넓힌 스마트 텔레비전이 시장을 휩쓸었고, 2014년에는 한층 더 몰입도를 높여주는 곡면 텔레비전이 대세를 이루었다.

사실 텔레비전 같은 가전제품의 수명은 생각보다 길다. 과거 브라운관 텔레비전 시절에는 십수 년씩 사용하는 가정도 흔했다. 어느 가전업체가 내세웠던 "순간의 선택이 10년을 좌우합니다."라는 문구가 한동안 텔레비전 광고를 상징하는 문장으로 널리 기억되었을 정도다. 하지만 기술 경쟁과 투자 경쟁이 치열해지는 오늘날 집집마다 텔레비전을 10여 년씩 사용한다면 텔레비전 생산 업체들은 살아남기가 어려워진다. 결국 다양한 방식으로 구매 욕구를 자극함으로써 적어도 4~5년에 한 번은 텔레비전을 교체하도록 유도하는 것이 가전 업체들의 살 길이며, 그들이 판매 전략을 집중하는 것이 바로 4년 주기의 월드컵이다.

오늘날의 소비는 대개 그런 방식으로 이루어진다. 사용하던 물건이

파손되거나 수명이 다했을 때 신제품을 구매해서 대체하는 것이 아니라 새로운 욕망을 '자극당한' 소비자들이 기존의 것을 폐기하고 새로운 것을 구매하게 하는 방식이다. 그런데 새로운 욕망을 자극하는 가장 효율적인 방법은 바로 '즐거움에 대한 추구'를 부채질하는 것으로 나타난다. 1980년대 초반 미국에서 비디오플레이어VCR가 널리 보급된 것은 비슷한 시기에 급성장해 비디오테이프의 형태로 판매되기 시작한 포르노 영화들과 밀접하게 연관되어 있었다는 이야기는 유명하다. 우리나라의 경우 1990년대 후반 초고속 인터넷망이 대대적으로 보급된 배경에는 스타크래프트 열풍이 깔려 있다. 그 시절 학생들은 동영상 강의를 보면서 공부하려면 집에 초고속 인터넷망을 깔아야만 한다며 부모들을 졸랐지만, 사실은 그렇게 설치한 초고속 인터넷망을 이용해 스타크래프트 게임을 더 많이 즐겼다는 것이다.

사람들은 더 많은 즐거움이 약속될 때 지갑을 여는 경향이 강하다. 그리고 그렇게 즐거워지고 싶은 욕구를 가장 지속적이고 강렬하면서도 건강한 방식으로 자극하는 것이 다름 아닌 스포츠다. 스포츠는 한 가지 형태의 산업 분야가 아니라 모든 산업에 전반적으로 영향력을 미치는 중요한 보편 요소라는 이야기다.

수익을 위해 경기 시간을 줄이다

스포츠와 산업은 밀접하게 연관되어 있다. 따라서 스포츠가 산업을 변화시키는 것처럼 산업도 스포츠를 변화시킨다. 요즘 대부분의 종목에서 벌이고 있는 '스피드 업 캠페인Speed Up Campaign, 경기 시간 단축 캠페인'은 그 대표적인 경우다.

만화가 아다치 미츠루安達充는 일본에서 국민 만화가로 불린다. 그가 내놓은 작품은 서점에서만 해도 2000만 부 안팎의 판매고를 올렸으며, 대부분의 일본 가정에 한 질 정도는 있다고 할 정도로 사랑받고 있다. 아다치 미츠루는 특히 스포츠를 소재로 삼고 고교생들을 주인공으로 그린 작품을 많이 내놓았다. 그중 두 고교 야구 선수의 우정과 경쟁, 그리고 그들을 둘러싼 로맨스를 잘 조합한《H2》를 그의 대표작으로 꼽는 이들이 많은데,《H2》에 등장하는 명대사 중에 이런 것이 있다.

"타임아웃이 없는 시합의 재미를 가르쳐 드리지요."

야구 역사상 가장 널리 알려진 명언 중의 하나인 "끝날 때까지 끝난 게 아니다."라는 요기 베라Yogi Berra의 말과도 일맥상통하는 말이다. 마지막 아웃카운트out count, 아웃의 수를 센다는 뜻으로, 세 번 아웃되면 공격과 수비를 교체한다 하나를 잡을 때까지 결코 포기하지 않고 최선을 다하겠다는 의지를 표현한 멋진 대사다.

야구는 축구, 농구와 달리 시간제한이 없고, 양 팀이 각각 아홉 번씩의 공격 기회를 모두 써야만 경기가 끝난다. 그래서 10점 차로 뒤진 채 9회 말을 맞이했다고 해도 포기하지만 않으면 역전의 희망은 있다. 그 하나의 회inning는 세 개의 아웃카운트를 만들어야 끝나는데, 어떤 경우에는 1분여 만에 마무리되기도 하지만 어떤 경우에는 1시간 이상 이어지기도 한다. 마지막 순간까지 사라지지 않는 역전의 가능성은 야구의 본질적인 매력에 속한다.

그런데 2008년 베이징 올림픽 야구 경기에서 우리는 그런 '원론'과는 거리가 먼 야구를 만났다. 연장 10회까지도 승부가 가려지지 않을 경우 11회부터는 두 명의 주자를 1, 2루에 내보낸 다음 경기를 시작하는 '승부치기'라는 규칙을 도입한 것이다. 점수가 나지 않아 끝나지 않는 경기를 강제로 끝내기 위해 점수가 날 수밖에 없는 조건을 인위적으로 만든 것이었다.

우리나라뿐 아니라 미국과 일본에서도 프로 리그에서는 승부치기 규칙을 사용하지 않는다. 다만 국내외 아마추어 대회에서는 원활한 대회 운영과 선수 보호를 명분 삼아 널리 도입되는 추세다.

경기 시간을 줄이려는 노력은 프로와 아마추어를 가리지 않고 다양하게 이루어지고 있다. 최근 우리나라 프로 야구는 주자가 없는 상황일 때 투수가 공을 쥔 뒤 12초 안에 던져야 하고, 감독이나 코치가 마운드^{투수가 공을 던질 때 올라서는 곳} 위로 올라가서 투수를 격려하거나 작전을 지시하는 일도 1회로 제한하고 있다^{두 번째 올라갔을 때는 반드시 투수를 교체해야 한다}. 그 밖에 공격과 수비를 교대할 때도 경기를 다시 시작할 준비를 2분 안에 마쳐야 하며, 투수를 교체할 때도 2분 30초 이상의 시간을 쓸 수 없다.

경기 시간을 줄이기 위해 노력하는 이유는 많다. 평일 저녁 6시 30분에 시작하는 경기의 경우 너무 길어지면 관중이 집으로 돌아가 휴식을 취하고 다음 날 출근하거나 등교하면서 일과를 시작하는 데 무리가 될 수 있다는 것도 한 가지 이유다. 그리고 경기가 너무 늘어지면 선수들도 피곤하고 장기적으로 경기력이 떨어져 더 수준 높은 경기를 보여 주기 어려워진다는 것도 중요한 이유다. 하지만 가장 중요한 이유는 따로 있다. 바로 방송 중계에 부적합하다는 점이다.

야구는 방송국의 광고 영업에 아주 적합한 스포츠라고 할 수 있다. 각각 아홉 번씩의 공격 기회를 주고받을 때마다 '쉬는 시간'이 생기는데, 바로 그때 광고를 끼워 넣을 수 있는 여지가 생긴다. 투수 교체를 하는 동안에도 광고를 내보낼 수 있으며, 갑자기 비가 쏟아진다거나 선수가 부상을 당해서 응급조치를 받아야 하는 등 경기가 중단되는 동안에도 역시 광고가 나간다. 심지어 최근에는 경기 중에 아웃카운트가 올라가고 다음 타자가 등장하기 전까지의 그 짧은 틈에도 외야의 잔디를 배경으로 틈틈이 가상 광고 화면을 삽입하기도 한다. 오늘날 축구를 비롯한 다른 종목들과 달리 야구만 유독 '전 경기 생중계'라는 특권을 누리며 방송과 우호적인 관계를 맺을 수 있는 가장 큰 이유도 바로 그것이다. 하지만 그것도 경기 시간이 지나치게 길어지면 문제가 된다. 보통 저녁 6시 30분부터 10시까지 3시간 30분 정도로 설정된 방송 시간을 넘어 매일 네다섯 시간씩 경기가 이어진다면 전체 방송 일정이 헝클어질 수밖에 없고, 역설적으로 광고 영업할 다른 시간대를 잡아먹게 된다. 게다가 시간이 너무 길어져서 경기 자체의 흥미가 떨어지면 광고 단가도 떨어질 수밖에 없다. 방송사를 비롯한 연관 산업계의 이윤이 줄 수밖에 없다는 것이다.

야구에만 해당되는 얘기가 아니다. 올림픽에서도 길고 지루하고 흥미가 떨어지는 종목들은 주기적으로 퇴출된다. 방송 중계에 부적합하고 시청률이 떨어지는 종목들을 적절히 걸러 내지 않으면 올림픽 자체에 대한 흥미도 떨어지고, 그러면 중계권료나 후원 계약금도 떨어질 수밖에 없기 때문이다. 오죽하면 고대 그리스 시절부터 올림픽의 터줏대감이나 다름없던 종목인 레슬링마저 퇴출 경고를 받고 경기 시간을 3분에서 2분으로 줄이는 대대적인 개혁을 감행했겠는가.

어쨌거나 요즘 대부분의 스포츠 종목은 경기 시간을 줄이고 흥미로운 요소를 더하느라 바쁘다. 원래 서브권을 가진 팀이 공격을 성공할 때만 점수를 올려 주던 배구는 1990년대 후반부터 서브권 상관없이 점수를 계산하는 방식으로 바뀌었다. 탁구는 한 세트를 얻기 위해 따야 하는 점수를 21점에서 11점으로 대폭 낮추었으며, 열세 번 이상 랠리가 계속되면 서브를 받은 쪽이 점수를 가져가게 하는 방식으로 바꾸었다. '두뇌 스포츠'라 불리는 바둑의 경우 며칠씩 이어지기도 하던 경기를 두세 시간으로 줄여 버리기도 했는데, 그 결과 예전에는 흔하던 50대 노장 기사들이 대거 은퇴하고 계산 빠른 10대 기사들이 바둑계를 주도하는 세대교체가 이루어지기도 했다. 태권도를 비롯한 격투기 계열 종목에서 공격하지 않고 버티는 소극적 경기 운영에 대한 벌점을 강화하고 뒤돌려차기 같은 크고 멋있는 동작에 대한 가산점을 늘리는 것도 같은 맥락이다.

빨리 진행되고, 빨리 결론이 나는 경기를 좋아하는 사람들이 많다. 그러다 보니 경기 진행이 빨라지면서 중계방송의 시청률도 올라가고 광고 단가도 올라갈 뿐 아니라 광고 시간도 적절하게 확보되었다. 스포츠 업계에서 재미도 있고 이윤도 올리는 길을 외면할 이유가 없다. 오늘날 대부분의 스포츠 종목에서 '스피드 업'이 과제로 제기되는 이유다.

하지만 경기장에서마저 '빨리빨리'를 외치는 요즘의 추세에 대해 아쉬움을 느끼는 이들도 적지 않다. 때로는 인내심과 끈기를 겨루며 호흡으로 승부하기도 하는 내밀한 고수들의 경지를 느끼기가 어려워졌기 때문이다. 숨 막히는 일상에서 벗어나 느긋하게 풀어지기를 원했던 경기장에서마저 초침 돌아가는 소리를 의식해야 하는 현실이 못마땅하다는 이들도 있다.

어쨌든 '산업화된 스포츠의 시대'가 되면서 얻은 것이 생긴 만큼 잃은 것도 생겼다. 취미가 직업이 되면 스트레스가 생기는 것처럼, 이제 놀이에 불과한 것이 아니게 된 스포츠도 여러 면에서 경제 논리의 규제를 받게 된 것이다.

스포츠 팬으로 산다는 것

보석, 하이힐, 드레스, 골동품, 와인, 피규어, 우표, 오래된 군복 같은 온갖 종류의 수집품이 가진 공통점에 대해 생각해 보자. 인간을 몰입하게 만드는 물건들은 대개 실용성과는 고의적이라고 할 만큼 멀리 있다. 마찬가지로 먹고사는 데 아무런 보탬이나 장애를 주지 않는다는 점에서 스포츠의 마력은 비롯된다.

돈을 벌고, 자식을 키우고, 부모를 모시고, 사회관계를 유지해 나가는 일은 싫다고 해서 거부할 수 있는 일이 아니다. 그리고 온전히 자신이 선택할 수 있는 일도 아니다. 누군가는 그 안에서 조금 더 즐거움을 느끼고 누군가는 조금 더 괴로움을 느끼긴 할 테지만, 온전한 자유로움을 느낄 수 있는 사람은 없다. 그것은 누구에게나 운명이며, 좋건 싫건 감당해야 할 몫이다. 하지만 스포츠는 다르다. 온전히 나의 의지로 선택해 아무 대가 없이 사랑을 바치는 대상이며, 그 사랑을 돌려받길 원하지도 않고 또 그럴 수도 없다는 점에서 스스로 한없이 당당하고 떳떳하다. 응원하는 팀의 장한 승리는 나를 가슴 벅차게 만들고, 한심한 패배는 나를 무력감에 잠기게 한다. 그래서 스포츠 팬들 중에는 가장 순수하게 무조건적인 사랑을 바치는 대상이 자식이 아니라 스포츠 팀인 경우도 종종 있다.

사랑은 능동적인 과정인 동시에 운명적인 것이다. 일단 사랑하기 시작하면 그것으로부터 풀려나는 것은 마음먹는다고 되는 일이 아니기 때문이다. 스포츠 역시 바로 그런 점에서 그것을 지켜보는 대부분의 시간 동안 한심함을 느끼고, 짜증스럽고, 분통이 터져 가슴을 쥐어뜯어야 함에도 결코 벗어날 수 없는 마력을 가졌다. 영화로도 만들어진 소설 《어바웃 어 보이About A Boy》를 쓴 닉 혼비Nick Hornby는 그것을 이렇게 표현한다.

"나는 적어도 축구에 있어서 충성심이라는 것은 용기나 친절 같은 도덕적 선택이 아님을 알게 되었다. 그것은 사마귀나 혹처럼 일단 생겨나면 떼어 낼 수 없는 것이었다. 결혼도 그 정도로 융통성 없는 관계는 아니다. 바람을 피우듯이 잠깐 동안 토트넘을 기웃거리는 아스널 팬은 단 한 사람도 없다. 축구팬에게도 이혼이 가능하기는 하지만사태가 너무 심해지면 경기장에 가는 것을 그만둘 수는 있다 재혼은 불가능하다. 지난 23년 동안 아스널로부터 도망칠 궁리를 했던 적도 많았지만, 그럴 방법은 전혀 없었다. 창피스럽게스윈던, 트랜미어, 요크, 월솔, 로더럼, 렉섬을 상대로 패배할 때마다, 인내와 용기와 자제심을 총동원하여 참아 내는 수밖에 없었다. 달리 할 수 있는 일은 아무것도 없으며, 그 사실을 깨닫는 순간 우리는 불만으로 가득 차 몸을 비틀 따름이다."《피버피치(Fever Pitch)》, 이나경 옮김, 문학사상사, 2014.

이솝우화 〈개미와 베짱이〉에는 여름 내내 노래하며 놀기만 한 베짱이와 땀 흘려 일한 개미가 등장한다. 베짱이는 추운 겨울이 찾아오자 굶어 죽고 말지만 개미는 여름 내내 모아 둔 식량 덕분에 편안하게 봄을 기다릴 수 있었다는 이야기다. 아마도 이 이야기는 '빈둥빈둥 놀고 싶은 마음을 잘 다스리고, 열심히 공부하고 일하는 사람'으로 아이들을 길러 내려는 생각에서 지어지고 전해졌을 것이다.

그 이야기 때문일까. 오늘날 사람들은 너무 많은 시간 동안 일을 한다. 그리고 놀이란 뭔가 죄책감을 자극하는 단어가 되어 버렸다. 물론 어린아이들은 하루의 대부분을 잠과 밥, 그리고 놀이로 보내곤 한다. 하지만 조금씩 나이를 먹어 가면서 공부하는 시간이 늘고, 조금 더 지나면 일을 하는 시간이 늘어난다. 많은 사람은 삶의 적지 않은 시간을 일에 치여서 살아가는 지경에 이른다. 특히 우리나라의 30대와 40대 중에는 과로사, 즉 지나치게 많은 일을 하다가 죽음에 이르는 사람도 적지 않다. 잠과 밥은 시간이 아깝다고 해서 거를 수 있는 게 아니지만, 많은 사람들은 잠자는 시간과 밥 먹는 시간까지도 최소한으로 줄여 가면서 일에 몰두한다. 일은 무언가를 생산하는 과정이며, 생산은 우리의 삶을 지켜 준다. 우리 사회는 그것이 즐겁든 아니든 상관없이, 일을 해야만 삶을 이어 갈 수 있음을 이해하고 받아들이는 사람을 '어른'이라고 정의한다.

반대로 놀이란 오직 즐거움을 목적으로 하는 활동을 말한다. 따라서 대개의 놀이는 별다른 생산적인 결과를 만들지 않는다. 쉽게 말하자면 먹고사는 데, 혹은 좋은 대학 가는 데 별 도움이 되지 않는다는 이야기다. 그래서 흔히 놀이 혹은 놀음이란 귀한 시간을 흥청망청 낭비해 버리는 철없는 짓쯤으로 치부된다. '신선놀음에 도낏자루 썩는 줄 모른다.'는 옛말에도 그런 생각이 한 자락 깔려 있다. 또한 노래를 잘 부르거나 춤을 잘 추거나 바둑, 장기 같은 게임을 잘하는 사람을 가리켜 '잡기雜技에 능하다.'고 하는 경우도 많은데, 역시 '정작 중요한 일에는 무능하면서 별 실속 없는 일에서만 잘난 체한다.'는 비아냥이 깔려 있는 표현이다.

하지만 '놀이'라는 단어를 '문화'로 바꾸면 느낌이 완전히 달라진다. '놀이에 투자한다.'고 하면 얼빠진 느낌이지만 '문화에 투자한다.'고 하면 고개가 끄덕여진다. '놀이에 탐닉한다.'고 하면 걱정스러운 마음이 들지만 '문화에 탐닉한다.'고 하면 존경스러운 느낌이 든다. 하지만 결국 문화란 놀이와 많은 부분이 겹치는 개념이다.

문화란 '삶의 형태 혹은 방식'을 가리킨다. 살기 위해 먹는다는 것은 누구나 같지만 무엇을, 어떻게 요리해서, 어떤 도구로, 어떤 방식으로 먹느냐는 나라마다 지방마다 가족마다 사람마다 다 다르다. 또 체온을 유지하고 몸을 보호하기 위해 옷을 입는 것은 누구나 같지만 어떤 재질로 어떤 모양의 옷을 만들어서 어떻게 입느냐는 다 다르다. 바로 그런 것들을 '음식 문화'라거나 '의복 문화'라고 부른다. 그런데 그 문화들은 '꼭 그래야 하는 이유'가 없기 때문에 다 제각각이다. 그렇다 보니 저마다 멋을 추구하고 아름다움을 추구하고 재미를 추구하면서 화려해지기도 하고 엉뚱해지기도 하는 것이 바로 문화다. '쓸데없이' 화려한 옷이나 접시, '쓸데없이' 복잡한 벽화나 조각물 등이 모두 그런 문화의 속성을 보여 주는 한 단면이다.

네덜란드의 역사학자이자 철학자인 요한 하위징아Johan Huizinga는 '호모 루덴스Homo Ludens', 즉 '놀이하는 인간'이라는 개념을 만들어 냈다. 생각하는 것이나 일하는 것 못지않게 놀이 역시 인간의 본질을 보여 주는 속성이라고 설명한 것이다. 그는 그런 생각을 담은 책 《호모 루덴스》이종인 옮김. 연암서가. 2010에서 이렇게 설명한다.

"놀이가 문화의 한 요소인 것이 아니라, 문화가 놀이의 성격을 가지는 것이다."

즉 문화에 포함되는 여러 요소 중의 하나가 놀이인 것이 아니라, 모든 문화에 놀이의 속성이 포함되어 있다는 것이다.

놀이는 인간의 본질적인 속성이다. 하지만 인간만이 그 속성을 가지는 것은 아니다. 대부분의 동물은 놀이 본능을 가지고 있다. 맹수는 새끼 때부터 놀이를 통해 사냥 연습을 하고, 초식 동물은 놀이를 통해 도망치는 법을 연습한다. 오랜 세월 인간과 함께 생활해 온 반려 동물만 봐도 그렇다. 고양이들은 공이나 레이저포인터 불빛을 쫓을 때 본능적으로 자기 몸을 숨기거나 낮추고 소리 없이 접근해서 결정적인 순간에 뛰어오른다. 이불 속에서 꼼지락거리는 주인의 발을 습격하기도 하고, 크리스마스트리에 달린 장식물을 향해 느닷없이 뛰어 오르기도 한다. 강아지들도 마찬가지다. 화장지나 베개를 맹렬하게 공격해 배를 가르기도 하고, 날아가는 공이나 원반을 향해 몸을 날리기도 한다. 심지어 반려인이 두어 번 던지고 그만두려고 하면 물어 온 공이나 원반을 들이밀며 또 던져 달라고 조르기도 한다. 그리고 같은 종의 친구들을 만나면 서로 쫓고 쫓기고 뒤엉켜 구르고 물고 뜯어 가면서 비슷한 유형의 동작들을 반복한다. 모두 야생에서 수만 년 동안 생존하며 대를 이어 오는 동안 유전자에 각인된 실전 연습인 동시에 즐거운 놀이다.

앞에서 대부분의 놀이는 별다른 생산적인 결과를 만들지 않는다고 했다. 먹고사는 데 도움을 주지 않는다고도 했다. 하지만 더 깊이 관찰하다 보면 그렇지 않은 모습도 발견할 수 있다. 동물에게 놀이는 생존 기술을 터득하는 과정이다. 인간도 다르지 않다. 특히 어릴 때는 다른 동물들과 마찬가지로 놀이를 통해 성장하고 발전하면서 성인이 되어 간다.

정신분석학자 지크문트 프로이트Sigmund Freud는 어느 날 한 살 난 손자가 실뭉치를 멀리 던지면서 '포fort'라고 외치고, 다시 끌어당기며 '다da'라고 외치는 행동을 반복하는 것을 보았다. 실뭉치가 사라졌다 나타나기를 반복하게 하면서 흥미를 느끼는 아기의 모습이 인상적이었던 그는 그 행동을 '포르트 다 게임fort-da game'이라고 불렀는데, 그것을 우리말로 옮기면 '없다, 있다.' 놀이, 좀 더 적극적으로 해석하면 '까꿍 놀이'라고 할 수 있을 것이다. 그런데 프로이트가 그 단순한 놀이 동작에 주목하고 특별히 이름까지 붙인 이유가 있다. 단순히 실뭉치를 던지고 받는 것이 아니라 그것을 통해 사라짐과 나타남을 반복 체험하면서 인간관계에서의 불안을 극복하는 과정이라고 생각한 것이다. 그래서 프로이트는 엄마가 없을 때의 불안과 나타났을 때의 기쁨을 아기가 실뭉치를 통해서 대신 경험하면서 불안을 극복했다고 설명한다.

소아정신과 의사들이나 유아 교육 전문가들 중에 놀이의 중요성을 강조하지 않는 사람은 없다. 특히 유아기에 적절한 놀이를 하지 못하면 사회관계 형성 능력이나 의사소통 능력에 있어서 여러 형태의 발달 장애를 겪을 수도 있다고 설명한다. 우리는 주위에서 장난감과 대화를 나누는 아이들을 흔히 볼 수 있다. 곰돌이 인형이 없으면 잠을 이룰 수 없는 아이도 있고, 토토로 인형을 동생이라고 부르는 아이도 있다. 또래 아이들과 소꿉장난이나 전쟁놀이를 즐기면서 다양한 역할놀이를 하는 모습 또한 익숙하다. 다양한 놀이를 즐기는 아이들의 그런 모습을 떠올려 보면, 놀이를 통해 사람들과 관계를 맺고 사회성을 익힌다는 말의 의미를 어렵지 않게 알 수 있다.

주고받는다는 것은 관계의 기본이며 본질이다. 우리는 흔히 '가는 게 있으면 오는 것도 있다.'라든가 '기브 앤 테이크give and take가 사회생활의 기본이다.'라는 말을 우스갯소리로 하지만, 그만큼 예외가 적은 진리도 드물다. 주기만 하는 관계도, 받기만 하는 관계도 지속되기 어렵다. 주지도 않고 받지도 않는 이들 사이에는 관계라는 것이 존재하지도 않는다. 관계란 곧 주고받음을 지속하는 것이기에 주거나 받는 것은 관계의 출발점이다.

공은 둥글다. 반드시 그런 것은 아니지만 잘 구르고, 잘 튕겨 오른다.

제대로 던지거나 차거나 때리면 정확한 방향으로 날아간다. 그리고 제대로 받으면 아프거나 다치지 않는다. 그래서 대부분의 공놀이는 주고받는 동작에서부터 시작된다. 상대방이 보내는 공을 잘 받아 내고 반대로 잘 넘겨줌으로써 승리를 도모하기도 하고, 같은 팀끼리 잘 주고받음으로써 상대방을 이기기도 한다. 주고받음을 본질로 삼는 공놀이란 그래서 관계 맺기 연습인 동시에 은유며, 도구다. 그렇기에 "언제 밥 한번 먹자."는 말처럼 "운동이나 한번 하시죠."라는 말이 친교를 제안하는 표현으로 쓰이는 것도 이상할 것이 없다.

공과 공놀이에 관한 몇 가지 이야기를 마치 언덕 위에서 공을 굴리는 마음으로 던져 보았다. 그리고 공이 이 나무둥치, 저 돌멩이에 튕기면서도 맨 아래를 향해 구르듯, 이 책의 마지막에 이르렀다. 그 사이에 고고학적 발견을 살펴보았고, 인류학적 해석을 참고했으며, 그것이 스치고 간 정치적, 사회적, 경제적, 문화적 맥락들을 한 번씩 건드렸다. 그중 무엇도 시험을 보기 위해, 혹은 교양인으로 인정받기 위해 반드시 알아야 할 유용한 지식은 아니다. 그리고 그중 무엇도 우리를 윤리적으로 만들어 주는 깨달음은 아니다. 다만 기억했으면 하는 것은, 공놀이는 재미있다는 점, 그 재미야말로 절대자의 뜻에 따라 피라미드를 세우는 데 평생을 바친 4000여 년 전의 조상들이 오늘날 조금이나마 더 자유롭고 창의적이며 주체적이고 행복한 인간으로 진화할 수 있었던 핵심 요소라는 점일 것이다.

최소한 하루에 한두 시간쯤은 공놀이를 즐길 수 있는 삶을 꿈꾼다. 스마트폰으로 남들이 공놀이하는 모습을 구경하며 욕망을 달래는 삶보다는 말이다. 피곤함과 지루함을 견뎌 냄으로써 당장은 손에 쥔 일상의 평안함을 지켜 낼 수 있을지 모르지만, 결국 인간과 사회를 진보시키는 것은 창의성이며, 그 여지를 조금이라도 넓히는 가장 좋은 방법은 놀이라고 믿는다. 태어나서 자라고 늙어서 죽는 그 순간까지 말이다.

참고 문헌

- 존 폭스, 《더 볼 −우리는 왜 공놀이에 열광하는가?》, 김재성 옮김, 황소자리, 2013.

- 조지 벡시, 《야구의 역사》, 노지양 옮김, 을유문화사, 2007.

- 나오미 마시, 《BASEBALL》, 김기현 옮김, 한국방송출판, 2010.

- 디트리히 슈바니츠, 《교양 −사람이 알아야 할 모든 것》, 인성기, 윤순식, 조우호 옮김, 들녘, 2007.

- 레이몽 토마, 《스포츠의 역사》, 이규식 옮김, 한길사, 2000.

- 로제 카이와, 《놀이와 인간》, 이상율 옮김, 문예출판사, 1994.

- 요한 하위징아, 《호모 루덴스》, 이종인 옮김, 연암서가, 2010.

- 조르조 페레로, 《이집트 −고대 문명의 역사와 보물》, 김원옥 옮김, 생각의나무, 2007.

- 주디스 스와들링, 《올림픽 2780년의 역사》, 김병화 옮김, 효형출판사, 2004.

- 유승훈, 김효주, 〈문화오락서비스산업의 경제적 파급효과〉, 《문화정책논총》 제20집, 2008.

- 통계청, 《한국인의 생활시간 변화상(1999년￣2014년)》, 2016.

- Mulroy, Kevin, National Baseball Hall of Fame and Museum, 《Baseball As America》, Simon&Schuster, 2005.

그림 출처

- 19쪽　https://commons.wikimedia.org/w/index.php?curid=39285850
- 21쪽　https://commons.wikimedia.org/w/index.php?curid=794621
- 24쪽　https://commons.wikimedia.org/w/index.php?curid=3554151
- 26쪽　https://commons.wikimedia.org/w/index.php?curid=139645
- 29쪽　https://commons.wikimedia.org/w/index.php?curid=26954328
- 31쪽　https://commons.wikimedia.org/w/index.php?curid=15794215
- 35쪽　https://commons.wikimedia.org/w/index.php?curid=269454
- 40쪽　https://commons.wikimedia.org/w/index.php?curid=1774320
- 41쪽　https://commons.wikimedia.org/w/index.php?curid=9459372
- 43쪽　https://commons.wikimedia.org/w/index.php?curid=19832914
- 49쪽　https://commons.wikimedia.org/w/index.php?curid=4028570
- 52쪽　https://commons.wikimedia.org/w/index.php?curid=159168
- 54쪽　https://commons.wikimedia.org/w/index.php?curid=15767017
- 55쪽　https://commons.wikimedia.org/w/index.php?curid=14770497
- 56쪽　https://commons.wikimedia.org/w/index.php?curid=34762652
- 64쪽　https://commons.wikimedia.org/w/index.php?curid=5715834
- 68쪽　https://commons.wikimedia.org/w/index.php?curid=39213409
- 72쪽　https://commons.wikimedia.org/w/index.php?curid=27796993
- 75쪽　https://commons.wikimedia.org/w/index.php?curid=10821030
- 88쪽　https://commons.wikimedia.org/w/index.php?curid=14763786
- 91쪽　https://commons.wikimedia.org/w/index.php?curid=1924796
- 92쪽　https://commons.wikimedia.org/w/index.php?curid=6092701
- 95쪽　왼쪽 https://commons.wikimedia.org/w/index.php?curid=15887438
- 95쪽　오른쪽 https://commons.wikimedia.org/w/index.php?curid=1839326

- 96쪽　https://commons.wikimedia.org/w/index.php?curid=8345522
- 104쪽　왼쪽 https://commons.wikimedia.org/w/index.php?curid=2560846
- 104쪽　오른쪽 https://commons.wikimedia.org/w/index.php?curid=219762
- 105쪽　https://commons.wikimedia.org/w/index.php?curid=12569757
- 117쪽　https://commons.wikimedia.org/w/index.php?curid=13298095
- 119쪽　https://www.flickr.com/photos/pingnews/441503123/sizes/o/
- 129쪽　행정자치부 국가기록원
- 132쪽　https://commons.wikimedia.org/w/index.php?curid=47965548
- 134쪽　https://commons.wikimedia.org/w/index.php?curid=18683138
- 135쪽　https://commons.wikimedia.org/w/index.php?curid=20275588
- 137쪽　https://commons.wikimedia.org/w/index.php?curid=45317270
- 138쪽　https://commons.wikimedia.org/w/index.php?curid=21285591
- 144쪽　https://commons.wikimedia.org/w/index.php?curid=11645478
- 145쪽　https://commons.wikimedia.org/w/index.php?curid=1472580
- 149쪽　https://commons.wikimedia.org/w/index.php?curid=34823654
- 150쪽　https://commons.wikimedia.org/w/index.php?curid=29555035

교과 연계

1 공놀이의 탄생

- 중학교   역사1   1–2 문명의 발생과 국가의 형성

  3–1 신라의 삼국 통일

- 고등학교   세계사   2–1 선사 시대와 고대 문명

  한국사   1–2 삼국과 가야의 발전

  1–3 통일 신라와 발해의 발전

2 고대와 중세의 공놀이

- 중학교   역사1   7–4 지중해 세계의 통일

  8–4 유럽 세계의 발전과 크리스트교 문화 (1), (2), (3)

- 고등학교   세계사   2–4 고대 지중해 세계

  3–4 유럽 세계의 형성과 발전

3 공놀이와 근대

- 중학교   역사1   9–3 중세 유럽의 변화 (1), (2), (3)

  역사2   4–2 프랑스 혁명과 나폴레옹 시대

  4–4 근대 국민 국가 체제의 성립

- 고등학교   세계사   5–1 유럽 근대 의식의 발전과 시민 혁명

  5–2 국민 국가의 형성

6 공놀이와 민주주의

- 중학교   사회1   11-1 정치의 의미와 민주 정치의 발전

                                            11-2 민주주의의 이념과 기본 원리

                                            11-3 민주주의 정부 형태

                                            12-2 선거의 의미와 민주 선거의 기본 원칙

                        역사2   3-2 자유 민주주의의 발전과 경제 성장
- 고등학교   한국사   6-2 민주주의의 시련과 발전

7 공놀이와 자본주의

- 중학교   사회1   9-3 대중 매체와 대중문화